Informatik aktuell

Herausgeber: W. Brauer
im Auftrag der Gesellschaft für Informatik (GI)

T0254119

Wolfgang A. Halang (Hrsg.)

Funktionale Sicherheit

Echtzeit 2013

Fachtagung des gemeinsamen Fachausschusses
Echtzeitsysteme von
Gesellschaft für Informatik e.V. (GI),
VDI/VDE-Gesellschaft für Mess- und Automatisierungs-
technik (GMA) und
Informationstechnischer Gesellschaft im VDE (ITG)
Boppard, 21. und 22. November 2013

GESELLSCHAFT FÜR INFORMATIK E.V.

 VDI/VDE-Gesellschaft
Mess- und Automatisierungstechnik

ITG INFORMATIONSTECHNISCHE
GESELLSCHAFT IM VDE

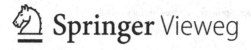 Springer Vieweg

Herausgeber

Wolfgang A. Halang
Fernuniversität in Hagen
Lehrstuhl für Informationstechnik, insb. Realzeitsysteme
58084 Hagen
wolfgang.halang@fernuni-hagen.de

Programmkomitee

R. Baran	Hamburg
J. Bartels	Krefeld
B. Beenen	Lüneburg
J. Benra	Wilhelmshaven
V. Cseke	Wedemark
G. Frey	Saarbrücken
R. Gumzej	Maribor
W. A. Halang	Hagen
H. Heitmann	Hamburg
J. Jasperneite	Lemgo
R. Müller	Furtwangen
S. Naegele-Jackson	Erlangen
M. Schaible	München
G. Schiedermeier	Landshut
U. Schneider	Mittweida
H. Unger	Hagen
D. Zöbel	Koblenz

Netzstandort des Fachausschusses: www.real-time.de

CR Subject Classification (2001): C3, D.4.7

ISSN 1431-472X

ISBN 978-3-642-41308-7   e-ISBN 978-3-642-41309-4 (eBook)
DOI 10.1007/978-3-642-41309-4

Die Deutsche Nationalbibliothek verzeichnet diese Publikation in der Deutschen Nationalbibliografie; detaillierte bibliografische Daten sind im Internet über http://dnb.d-nb.de abrufbar.

Springer Vieweg

Springer Vieweg ist eine Marke von Springer DE.

Springer DE ist Teil der Fachverlagsgruppe Springer Science+Business Media

www.springer-vieweg.de

Vorwort

Programmierbare elektronische Systeme werden in einer Fülle sicherheitsgerichteter Anwendungen eingesetzt. Sie übernehmen Aufgaben zur Überwachung oder Steuerung medizinischer Geräte, chemischer Anlagen, von Anti-Blockier-Systemen, Luft- oder Weltraumfahrzeugen, Fertigungsmaschinen sowie in Kraftwerken und der Energieverteilung. Weil falsch erstellte Systeme oder schlicht Fehler darin zum Versagen der Systemfunktionen führen können, was schwere Schäden verursachen oder gar Menschenleben gefährden kann, müssen solche eingebetteten Systeme hohe Sicherheitsanforderungen erfüllen. Der industrielle Bedarf an sicherheitsgerichteten, programmgesteuerten Systemen ist hoch und steigt durch die zunehmende Automatisierung von Prozessen kontinuierlich weiter an. Im Einklang damit wächst auch das gesellschaftliche Sicherheitsbewusstsein.

Dies sind die Gründe, warum die Fachtagung Echtzeit in diesem Jahr das Leitthema funktionale Sicherheit aufgreift, aber auch, weshalb der GI/GMA/ITG-Fachausschuss Echtzeitsysteme damit begonnen hat, die Echtzeitprogrammiersprache PEARL so weiterzuentwickeln, dass sowohl die funktionale Sicherheit in ihr geschriebener Programme erhöht als auch der Zustand erreicht werden, dass sich rechnergestützte, ggf. verteilte Systeme mit einem Grad an Vertrauen in ihre Verlässlichkeit erstellen lassen, der ihre Zulassung für sicherheitskritische Steuer- und Regelaufgaben durch die Aufsichtsbehörden auf der Basis formeller Abnahmen erlaubt. Diese Weiterentwicklung soll bis zur Formulierung einer neuen DIN-Norm vorangetrieben werden, um die bisherigen PEARL-Normen DIN 66253-2 und DIN 66253 Teil 3 abzulösen. Die zukünftige Norm wird jeweils geeignete, inhärent sichere Sprachteilmengen zur Erstellung von Anwendungen definieren, die den Sicherheitsintegritätsstufen SIL 1 bis SIL 4 nach IEC 61508 genügen müssen. So wird die weltweit einzige, im Hinblick auf funktionale Sicherheit konzipierte Programmiersprache entstehen. Aber davon wird an anderer Stelle zu berichten sein. Möglicherweise wird der Tagungsband des nächsten Jahres die ersten Ergebnisse enthalten.

Normen sind für die funktionale Sicherheit von besonderer Bedeutung. Es könnte wohl keinen Geeigneteren als den Referenten des eingeladenen Vortrages geben, der innerhalb der zuständigen Organisation, der Deutschen Kommission Elektrotechnik Elektronik Informationstechnik, seit rund zwei Jahrzehnten die einschlägigen Gemeinschaftskomitees „Grundsätze für Rechner in Systemen mit Sicherheitsaufgaben" und „Funktionale Sicherheit elektrischer, elektronischer und programmierbarer elektronischer Systeme zum Schutz von Personen und Umwelt" betreut, Einblick in die Denkweise der Sicherheitstechnik sowie die Normungsarbeit zu geben. Wegen ihrer inhärenten Fehleranfälligkeit muss insbesondere sicherheitsgerichtete Software auf Normenkonformität hin geprüft werden. Um dieses schwierige und zeitraubende Unterfangen zu systematisieren und bei der Prüfung nichts auszulassen, bietet sich deren Unterstützung mit Werkzeugen an, so wie sie beispielhaft im zweiten Beitrag vorgestellt wird.

VI

Die Problematik der funktionalen Sicherheit programmierbarer elektronischer Systeme tritt seit einigen Jahren in großem Umfang in der Automobilindustrie auf, weil dort zunehmend Funktionen, die früher mechanisch, elektromechanisch oder hydraulisch realisiert wurden oder die es früher noch gar nicht gab, durch eingebettete Systeme implementiert werden. Als Themen aus diesem Bereich werden deshalb in der zweiten Sitzung ein optisches Sensorsystem für die Einknickwinkel zwischen Zugfahrzeug und Zweiachsanhänger ebenso behandelt wie die Anforderungen an Betriebssysteme, die gemeinschaftlich in komplexen, am Fahrer angebrachten Multimediasystemen arbeiten sollen.

Seit Langem liegt dem Fachausschuss die Förderung des Nachwuchses besonders am Herzen, weshalb er Studierende aufruft, ihre Abschlussarbeiten zu einem jährlichen Graduiertenwettbewerb einzureichen. Die Sieger erhalten nicht nur Preise, sondern auch Gelegenheit, sich und ihre Arbeiten auf der Tagung zu präsentieren. Die drei prämierten Arbeiten dieses Jahres beschäftigen sich mit dem Einfluss von Betriebssystemeigenschaften auf die Qualität von Lastgeneratoren, hybriden Betriebssystemen zur Verringerung von Echtzeitanforderungen sowie Interprozesskommunikation auf Mehrkernrechnern.

Die vierte Sitzung ist der Entwicklung sicherer Systeme gewidmet. Nach einem Konzept zum Aufbau fehlertoleranter verteilter Echtzeitsysteme aus standardisierten, mit mehreren Schnittstellen zu verschiedenen Bussystemen ausgestatteten Einplatinenrechnern werden Verfahren zur empirischen Bestimmung von Programmausführungszeiten auf Mehrkernprozessoren sowie zur statistischen Synthese von Modellparametern zur Sicherheitsanalyse hybrider Systeme vorgestellt.

Vor ihrem Einsatz gilt es, sicherheitsgerichtete Systeme zu verifizieren und zu validieren. Damit beschäftigt sich die abschließende Sitzung. Im Rahmen der Integration vernetzter elektronischer Systeme müssen die Aktivitäten der einzelnen Teilnehmer simuliert werden. Sicherheitsgerichtete Anwendungen speicherprogrammierbarer Steuerungen aus verifizierten Bibliotheken entnommenen Funktionsblöcken zusammenzusetzen, ist ein aufwandsreduzierender Ansatz. Die resultierenden Funktionspläne werden zur Verifikation in formale Modelle transformiert. Schließlich werden programmgesteuerte Systeme zur qualitativen Analyse ihrer funktionalen Sicherheit durch eine Kombination von Zustandsdiagrammen und fehlerbaumtypischen Gattern modelliert: erstere für die zeitlichen Beziehungen und letztere für die kausalen Zusammenhänge.

Den Autoren sei gedankt, ihre Beiträge meistens pünktlich und in vorgegebener Form abgeliefert zu haben. Auf die redaktionelle Feinarbeit an diesem Band sowie Fehlerkorrektur hat Frau Dipl.-Ing. Jutta Düring wieder viel Mühe verwendet, wofür ich ihr besonders herzlich danken möchte. Für die auch in diesem Jahr gewährte finanzielle Unterstützung der Fachtagung in Boppard ist der Fachausschuss den langjährigen industriellen Sponsoren zu großem Dank verpflichtet.

Hagen, im August 2013   Wolfgang A. Halang

Inhaltsverzeichnis

Funktionale Sicherheit und ihre Normen

Funktionale Sicherheit programmierbarer elektronischer Systeme 1
Ingo Rolle

Werkzeugunterstützung der Prüfung sicherheitsgerichteter Software auf
Normenkonformität 7
Günter Glöe, Detlev Volkwarth

Automobiltechnische Anwendungen

Reaktive optische Einknickwinkelvermessung bei Gliederfahrzeugen 19
Simon Eggert, Christian Fuchs, Frank Bohdanowicz, Dieter Zöbel

IT-Sicherheits-Eigenschaften für eng gekoppelte, asynchrone
Multi-Betriebssysteme im automotiven Umfeld 29
Pierre Schnarz, Joachim Wietzke

Graduiertenwettbewerb

Leistungs- und Präzisionssteigerung des Lastgenerierungsprozesses von
UniLoG unter Verwendung echtzeitfördernder Maßnahmen durch das
Betriebssystem 39
Alexander Beifuß

Slothful Linux: Ein effizientes, hybrides Echtzeitbetriebssystem durch
Hardware-basierte Task-Einlastung 49
Rainer Müller

Entwurf und Implementierung einer Prozessinterkommunikation für
Multi-Core CPUs 59
Manuel Strobel

Systementwicklung

Fehlertolerante verteilte Systeme aus Standardkomponenten 69
Peter F. Elzer

Framework für die empirische Bestimmung der Ausführungszeit auf
Mehrkernprozessoren 77
Julian Godesa, Robert Hilbrich

Statistische Parametersynthese für hybride Systeme 87
Christian Schwarz

Verifikation

Simulation von Teilnehmern verteilter Systeme zur Verifikation und
Systemintegration 97
Silvije Jovalekic, Michael Wiescholek, Bernd Rist

Verifikation und Validierung sicherheitsgerichteter SPS-Programme 107
Doaa Soliman, Georg Frey

Qualitative Analyse der funktionalen Sicherheit software-intensiver
Systeme mittels Zustands/Ereignis-Fehlerbäumen 117
Michael Roth, Peter Liggesmeyer

Funktionale Sicherheit
programmierbarer elektronischer Systeme

Ingo Rolle

DKE Deutsche Kommission
Elektrotechnik Elektronik Informationstechnik
im DIN und VDE, Frankfurt/Main
ingo.rolle@vde.com

Zusammenfassung. Die Deutsche Kommission Elektrotechnik Elektronik Informationstechnik (DKE) im DIN und VDE ist die nationale Organisation für die Erarbeitung von Normen und Sicherheitsbestimmungen in ihrem Bereich sowie deutsches Mitglied in der Internationalen Elektrotechnischen Kommission (IEC) und im Europäischen Komitee für elektrotechnische Normung (CENELEC). Aus Sicht dieser Organisation werden die Bedeutung funktionaler Sicherheit programmierbarer elektronischer Systeme erläutert und Aspekte ihrer Normung beleuchtet.

1 Einleitung

In unsere technisierte Umgebung halten immer mehr mikrorechnerbasierte Systeme Einzug – und sie übernehmen dabei auch Sicherheitsfunktionen. Sie wachen über den richtigen Druck im Reaktionskessel von Anlagen der chemischen Industrie, sie sorgen dafür, dass Eisenbahnzüge auf dem richtigen Gleis mit der richtigen Geschwindigkeit fahren, sie kontrollieren die Kräfte im Bremssystem in unserem Automobil, lösen bei Bedarf den Airbag aus und sie verhindern Unfälle im Umgang mit Maschinen. Wir sprechen von eingebetteten Systemen, wobei die erwähnten Sicherheitsfunktionen eine Teilmenge ihrer Aufgaben bilden.

Die Menschen möchten auf diese Helfer in ihrer Umgebung vertrauen können und erwarten hierfür eine entsprechend befähigte Technik. Funktionale Sicherheit ist das Werkzeug des Automatisierungsingenieurs, um hinreichend sicher zu sein, dass die Sicherheitsfunktionen auch richtig ausgeführt werden.

2 Was ist funktionale Sicherheit?

Funktionale Sicherheit bedeutet hierbei die Fähigkeit, die festgelegten Sicherheitsfunktionen zuverlässig und spezifikationsgemäß auszuführen. Die Auslegungsgrundsätze für Systeme, die diese Fähigkeit aufweisen sollen, sind Gegenstand der siebenteiligen Internationalen Sicherheitsgrundnorm IEC 61508, die in das deutsche Normenwerk als DIN EN 61508 (VDE 0803) übernommen wurde. Diese Norm baut auf Modellvorstellungen auf, die der Wissenschaft entnommen wurden. Aus diesen Modellvorstellungen werden Anforderungen hergeleitet. Sie teilen den Markt für Produkte der Automatisierungstechnik in solche, mit denen man die Norm erfüllen kann, und solche, mit denen man dies eben nicht kann. Einige unserer Unternehmen haben sich hier sehr gut behauptet und können normgerechte Produkte anbieten. Im Folgenden werden wir beleuchten, woran das liegt und welche Rolle die Norm dabei spielt.

2.1   Warum ist funktionale Sicherheit wichtig für die Industrie?

In vielen Bereichen bietet die Automatisierungstechnik heute besondere Möglichkeiten der Produktgestaltung. In einem Markt mit ansonsten vergleichbaren Produkten können diese mittels Automatisierungstechnik besondere Merkmale bekommen, die sie vom Wettbewerb abheben. Das ist im Maschinenbau so oder auch in der Automobiltechnik, wie die vielen Assistenzsysteme eindrucksvoll zeigen, die man heute in Automobilen vorfindet. In der Automatisierungstechnik wird aber mehr und mehr die „Sicherheitstechnik" zum entscheidenden Faktor, also die Fähigkeit, funktionale Sicherheit zu implementieren.

2.2   Wie wird funktionale Sicherheit genormt?

Dazu schauen wir uns einmal an, wie die IEC 61508, sozusagen die Mutter aller Normen zur funktionalen Sicherheit, vorgeht. Zunächst wird eine klare Vorstellung vom Versagen risikoreduzierender Maßnahmen entwickelt. Folgende Ausfallmodelle sind vertreten:

- Zufällige Ausfälle von Bauteilen.
- Ausfälle, die auf eine bestimmte Ursache zurückgeführt werden können, also systematische Ausfälle. Meistens entstehen sie durch die Begrenztheit des menschlichen Geistes, bspw. in Form von Entwurfsfehlern.

Ebenfalls gibt es eine klare Vorstellung davon, welche Maßnahmen gegen diese Arten von Ausfällen zu treffen sind:

- Maßnahmen gegen zufällige Ausfälle von Bauteilen sehen vor, die Anzahl der Ausfälle zu begrenzen, da man Zufälle nicht gänzlich verhindern kann. Dabei wird von jeder Art von Bauteil das Ausfallverhalten beobachtet. Die Ergebnisse dieser Beobachtungen werden in Form von Statistiken zusammengefasst. Auf der Grundlage dieser Statistiken und mit Hilfe bestimmter Rechenverfahren wird das zukünftige Verhalten in Bezug auf zufällige Ausfälle vorhergesagt. Ein System muss nun so ausgelegt werden, dass dieser Vorhersagewert unter einer vorgegebenen Grenze liegt.
- Systematische Ausfälle sollen durch ein Managementsystem vermieden werden, genannt „Sicherheitslebenszyklus". Ferner werden bestimmte Techniken zur Vermeidung systematischer Fehler vorgeschrieben, wie z.B. umfangreiche Prüfungen oder das Verbot bestimmter Programmierarten.
- Falls während des Einsatzes eines Systems trotz dieser Maßnahmen dennoch zufällige oder systematische Ausfälle auftreten, muss das System hiergegen eine gewisse Toleranz aufweisen, für die ebenfalls bestimmte Techniken vorgeschrieben sind. Auch Forderungen nach Redundanz seien hier genannt.

Nun wollen wir uns ansehen, wie diese Grundsätze in der Norm umgesetzt werden und gleichzeitig, wo diese auf Opposition stoßen, was bei marktrelevante Normen meistens der Fall ist.

Tabelle 1 zeigt einen Auszug aus den normativen Anhängen des Teils 3 der IEC 61508, der sich auf Software bezieht. Dort werden bestimmte Verfahrensweisen angegeben, deren Anwendung das Entstehen systematischer Fehler vermeiden soll, also in diesem Falle Entwurfsfehler. Beispielsweise wird verlangt, dass alle Programmierer gemeinsamen Richtlinien folgen und somit ihre eigene Kreativität einschränken. An anderer Stelle geht es um die eingeschränkte Verwendung von Unterbrechungen und von Objekten, die erst zur Laufzeit mit Code hinterlegt werden. All dies wird abhängig von Sicherheitsintegritätsniveaus vorgeschrieben, d.h. je mehr das mit dem Einsatz eines Systems verbundene Risiko reduziert werden soll, umso stärkere Forderungen gelten. Es wird also nicht nur das Vorhandensein eines Qualitätssicherungssystems oder die Einhaltung des V-Modells vorgeschrieben. Alle Maßnahmen müssen dokumentiert werden, was insbesondere den Einsatz zugekaufter Software schwierig macht. Diese Anforderungen schließen bspw. die Verwendung komplexer proprietärer Betriebssysteme mehr oder weniger aus. Somit ist nachvollziehbar, dass eine Norm wie die IEC 61508 bei Produktmanagern nicht unbedingt auf Begeisterung stößt. Sie stellt zwar in vielen Fällen keinen gesetzlichen Zwang dar, entfaltet aber oft die Kraft des Faktischen. Falls ein Markt sie verlangt, heißt das meistens Neuentwicklung der Produkte.

Tabelle 1. Beispiel: DIN EN 61508-3 (VDE 0803-3): 2011, Tabelle B.1.
In der zweiten Spalte wird zu DIN EN 61508-7 (VDE 0803-7) verwiesen.
++ = besonders empfohlen, + = empfohlen, − − − = neutral

Verfahren/Maßnahme	siehe	SIL1	SIL2	SIL3	SIL4
Verwendung von Programmierrichtlinien	C.2.6.2	++	++	++	++
keine dynamischen Objekte	C.2.6.3	+	++	++	++
keine dynamischen Variablen	C.2.6.3	− − −	+	++	++
Online-Test der Erzeugung dynamischer Variablen	C.2.6.4	− − −	+	+	++
eingeschränkte Verwendung von Unterbrechungen	C.2.6.5	+	+	++	++
eingeschränkte Verwendung von Zeigern	C.2.6.6	− − −	+	++	++
eingeschränkte Verwendung von Rekursionen	C.2.6.7	− − −	+	++	++
keine unbedingten Sprünge in hochsprachlichen Programmen	C.2.6.2	+	++	++	++

Werfen wir jetzt einen Blick auf die hardwaretechnische Systemauslegung einer sicherheitsgerichteten Steuerung einschließlich ihrer Aktorik und Sensorik. Hier wird die Forderung nach einer bestimmten Probabilistik direkt mit dem Ergebnis der Risikoanalyse verknüpft. Je höher die geforderte Risikoreduzierung, also das Sicherheitsintegritätsniveau (SIL), desto geringer muss die Ausfallwahrscheinlichkeit des Systems sein. Die der Norm IEC 61508-1 bzw. DIN EN 61508-1 entnommenen Tabellen 2 und 3 zeigen dies für Systeme in niedriger Anforderungsrate bzw. für Systeme mit hoher oder kontinuierlicher Anforderungsrate. Mit dieser Forderung sehen sich viele Unternehmen überfordert. Die daraus entspringende Opposition gegen die IEC 61508 äußert sich in branchenspezifischen Normen, die keine probabilistischen Betrachtungen fordern oder sie stark reduzieren. Dabei wird übersehen, dass auch in Bereichen wie der chemischen Industrie, die die IEC 61508 übernommen haben, mit der branchenspezifischen Norm IEC 61511 letztlich auch nur „mit Wasser gekocht wird". Das heißt, hier werden für die zu erwartende Ausfallwahrscheinlichkeit pauschale Rechnungen durchgeführt, die auf der sicheren Seite liegen, und zu sog. „Typicals" führen. Die Gegner dieser Tabelle wünschen sich ausschließlich Architekturanforderungen, also Redundanz gemäß Tabelle 4. Da die Normung sehr dezentral organisiert ist und es keine zentrale, kontrollierende Instanz gibt, jedenfalls keine, die wirklich funktionieren würde, ist es meistens möglich, branchenspezifische Normen zur Verabschiedung zu führen. Das Problem dabei ist, dass in manchen Teilen der Welt sehr großer Wert auf Probabilistik gelegt und diese als Beleg für Hardwarequalität angesehen wird. Diese Märkte verunsichert man durch derartige Seitwärtsbewegungen in der Normung.

Tabelle 2. Ausfallgrenzwerte für eine Sicherheitsfunktion, die in einer Betriebsart mit niedriger Anforderungsrate betrieben wird

Sicherheits-integritätsniveau	mittlere Wahrscheinlichkeit eines gefahrbringenden Ausfalls bei Anforderung der Sicherheitsfunktion
4	$\geq 10^{-5}$ bis $< 10^{-4}$
3	$\geq 10^{-4}$ bis $< 10^{-3}$
2	$\geq 10^{-3}$ bis $< 10^{-2}$
1	$\geq 10^{-2}$ bis $< 10^{-1}$
Siehe nachfolgende Anmerkungen 2 bis 6 für Einzelheiten zur Interpretation dieser Tabelle.	

Sichere Ausfälle sind solche, die ein System in einen sicheren Zustand versetzen, also z.B. eine Maschine stillsetzen. Wenn in einem redundanten System eine Diagnoseeinrichtung in einem Kanal einen Fehler erkennt und auf die fehlerfreien Kanäle umschaltet, so ist das auch ein sicherer Ausfall. Fehlertoleranz der Hardware von 1 bedeutet einfache Redundanz, d.h. bei Ausfall eines Kanals kann die Sicherheitsfunktion noch aufrecht erhalten werden.

Tabelle 3. Ausfallgrenzwerte für eine Sicherheitsfunktion, die in einer Betriebsart mit hoher Anforderungsrate oder mit kontinuierlicher Anforderung betrieben wird

Sicherheits-integritätsniveau	Rate gefahrbringender Ausfälle der Sicherheitsfunktion (h^{-1})
4	$\geq 10^{-9}$ bis $< 10^{-8}$
3	$\geq 10^{-8}$ bis $< 10^{-7}$
2	$\geq 10^{-7}$ bis $< 10^{-6}$
1	$\geq 10^{-6}$ bis $< 10^{-5}$
Siehe nachfolgende Anmerkungen 2 bis 6 für Einzelheiten zur Interpretation dieser Tabelle.	

Tabelle 4. Aus Architekturanforderungen abgeleitete Eingruppierung in Sicherheitsintegritätsniveaus

	Fehlertoleranzen der Hardware (siehe Anmerkung 2)		
Anteil sicherer Ausfälle	0	1	2
$< 60\%$	nicht erlaubt	SIL1	SIL2
$60\% < 90\%$	SIL1	SIL2	SIL3
$90\% < 99\%$	SIL2	SIL3	SIL4
$> 99\%$	SIL3	SIL4	SIL4
Hardware-Fehlertoleranz von N bedeutet, dass N + 1 Fehler zu einem Verlust der Sicherheitsfunktion führen können.			

Der Umgang mit Diagnoseeinrichtungen und Mehrheitsentscheidern muss jedoch geübt sein; dazu reichen die Fähigkeiten vieler Entwicklungsabteilungen oft nicht aus. Deshalb bewirkt gerade die Orientierung an Tabelle 4 eine Trennung des Marktes in solche Anbieter, die Sicherheitsprodukte entwickeln können, und solche, die es nicht können.

Für die Fortschreibung der IEC 61508 ist der internationale Normenausschuss IEC SC 65A MT 61508 zuständig, in den die Mitgliedsländer der IEC Experten entsenden. Die deutschen Experten kommen aus Betreiberunternehmen der chemischen Industrie, Herstellerfirmen von Automatisierungsprodukten und Prüfhäusern. Eine starke Fraktion innerhalb des Ausschusses, die nicht aus Deutschland kommt, kämpft seit vielen Jahren dafür, Tabelle 4 abzuschaffen bzw. eine Umgehung dafür in die Norm einzubauen. Ziel dieser Gruppe ist es, auch einkanalige Systeme bis hin zu SIL 4 zuzulassen, sofern hinreichende statistische Belege für ihre Zuverlässigkeit vorliegen. Statistiken sind mitunter schwierig überprüfbar und die deutschen Prüfhäuser sind strikt dagegen, weil sie befürchten, dass dieses Vorgehen zu unsicheren Anlagen führt. Außerdem wäre es natürlich eine große Gefahr für diejenigen Hersteller, die in die Entwicklung von anspruchsvoller Sicherheitstechnik investiert haben. Die Trennung des Marktes in Sicherheitsprodukte und andere wäre aufgehoben. Ein Hersteller sagte im persönlichen Gespräch:

> „Wenn das kommt, brauchen wir nur noch einen guten Mathematiker und eine billige Fertigung."

Der Kampf ging erst einmal so aus, dass in die jüngst erschienene zweite Ausgabe der IEC 61508-2 eine solche Umgehung zwar eingebaut ist, jedoch mit so hohen statistischen Hürden, dass sie für die allermeisten Hersteller kaum in Frage kommen dürfte.

3 Fazit

Es ist sicher nicht übertrieben, funktionale Sicherheit als eine Schlüsseltechnologie für viele Industrien zu bezeichnen. Bis jetzt sind wir auf einem guten Wege, diese international zu vertreten und weiter zu entwickeln – trotz einiger „Seitwärtsbewegungen". Die DKE unterstützt die deutsche Industrie nach besten Kräften dabei, die internationale Normung als entscheidende Plattform zu nutzen. Eine Norm mit klarem Modell als Ausgang und einem nachvollziehbaren Gang des Nachweises hilft hierbei. Damit das so bleibt, sollten wir weiterhin in vorderster Linie in der internationalen Normung mitarbeiten, unseren internationalen Partnern dabei zuhören und versuchen, sie zu verstehen. Aufweichungsversuche wären dabei schädlich und würden das öffentliche Vertrauen in die Automatisierungstechnik zerstören. Wir sollten den Mut haben, ihnen entgegenzutreten. Der Erfolg zeigt sich in der weltweiten Akzeptanz der Produkte der Hersteller und den Referenzprojekten der Anlagenbauer.

Literaturverzeichnis

1. DIN EN 61508-1 (VDE 0803-1): Funktionale Sicherheit sicherheitsbezogener elektrischer/elektronischer/programmierbarer elektronischer Systeme – Teil 1: Allgemeine Anforderungen (IEC 61508-1:2010); Deutsche Fassung EN 61508-1:2010
2. DIN EN 61508-2 (VDE 0803-2): Funktionale Sicherheit sicherheitsbezogener elektrischer/elektronischer/programmierbarer elektronischer Systeme – Teil 2: Anforderungen an sicherheitsbezogene elektrische/elektronische/programmierbare elektronische Systeme (IEC 61508-2:2010); Deutsche Fassung EN 61508-2:2010
3. DIN EN 61508-3 (VDE 0803-3): Funktionale Sicherheit sicherheitsbezogener elektrischer/elektronischer/programmierbarer elektronischer Systeme – Teil 3: Anforderungen an Software (IEC 61508-3:2010); Deutsche Fassung EN 61508-3:2010

Werkzeugunterstützung der Prüfung sicherheitsgerichteter Software auf Normenkonformität

Günter Glöe und Detlev Volkwarth

CATS Software Tools GmbH, 21077 Harburg
[ggloee|dvolkwarth]@cats-tools.de

1 Einleitung

Um Software verantwortungsbewusst in den Markt zu bringen, muss sie ebenso wie andere Produkte dem Stand der Technik entsprechen. Das zwingt zur Arbeit mit Normen, z.B. der IEC 61508 oder ISO 26262, denn sie repräsentieren diesen Stand der Technik, insbesondere für sicherheitsgerichtete Software. Den Normen gerecht zu werden bedeutet, die für eine Arbeit zutreffenden Normenanforderungen zu identifizieren, sie bei der Arbeit zu berücksichtigen und letztlich durch Prüfung den Erfolg dieser Bemühungen zu belegen.

Dieser Beitrag beschreibt das Identifizieren der für eine Arbeit zu berücksichtigenden Normenanforderungen, denn sie sind ja auch die Merkmale, die bei einer Prüfung auf Normenkonformität zu betrachten sind. Weiter beschreibt dieser Beitrag zwei ausgewählte Aspekte der Prüfung, nämlich die Beurteilung der Normenkonformität dann, wenn Anforderungen nicht perfekt erfüllt wurden, und die Prüfung umgangssprachlicher, nicht formalisierter Software Work Products. Auf die Prüfung von Code wird hier nicht spezifisch eingegangen.

2 Sicherheitsnormen programmgesteuerter Elektronik

Von der Basis-Norm IEC 61508 wurden verschiedene fachspezifische Normen abgeleitet: IEC 61511 für die Prozessindustrie und konventionelle Kraftwerke, IEC 62061 und ISO 13849 für Maschinen, IEC 61513, IEC 62138 und IEC 60880 für die Kerntechnik, EN 50156-1 für elektrische Ausrüstungen von Feuerungsanlagen, DIN EN 50126, DIN EN 50128 und DIN EN 50129 für Eisenbahnen, ISO 25119 für landwirtschaftliche sowie ISO 26262 für Straßenfahrzeuge. Weitere Normen, die die Gedanken der IEC 61508 zwar aufgreifen, aber nicht direkt auf sie zurückgehen, bestehen für Sektoren wie Luftfahrt oder Medizingeräte. Normen zur Sicherheit von Elektronik und deren Software haben das Anliegen,

- zur Vollständigkeit, Verständlichkeit und Realisierbarkeit der Aufgabe beizutragen (Top-Down-Strukturierung, Review der Anforderungsspezifikation),
- Fehler in Entwurf und Entwicklung zu vermeiden (Engineering, insbesondere SW-Engineering),

- trotzdem aufgetretene Fehler zu entdecken (Verifikation und Validierung, Assessment),
- gefährliche Ausfälle von Bauelementen in Grenzen zu halten (Bauelemente-auswahl, Selbstüberwachung, Redundanz),
- Vorkehrungen zu treffen, um in Entwurf und Entwicklung gemachte und nicht entdeckte Fehler zu beherrschen (Selbstüberwachung, Diversität)
- gute Prozesse bei Produzenten und Benutzern zu etablieren (Management-Prozesse, Schnittstellenvereinbarungen),

und geben spezifisch vor, was unter Sicherheitsaspekten zu tun ist (Bild 1) bei

- Management,
- Prozessentwicklung,
- Entwicklung eines gesamten Steuerungssystems oder nur bestimmter Ar-beitsprodukte,
- Prüfung (Verifikation & Validierung),
- Qualitätssicherung oder
- Überprüfung (Beurteilung/Assessment).

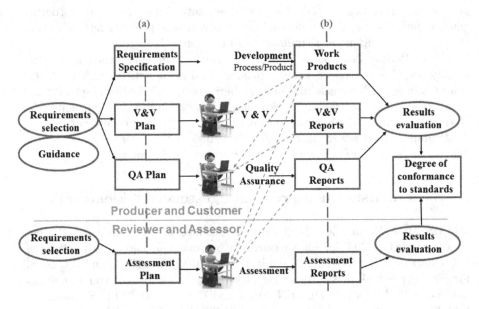

Abb. 1. Handlungsstränge bei der Arbeit mit Normen

3   Sicherheitsstandards quantitativ betrachtet

Sicherheitsnormen umfassen durchweg mehrere Teile. So besteht die Norm ISO 26262 zur PKW-Elektronik aus zehn Teilen für Begriffe, Vorgaben für die Arbeit

des Managements, normative Risikographen, Vorgaben für integrale Entwurfs-
und Entwicklungssysteme, Hardware, Software, Produktion und Betrieb, un-
terstützende Prozesse, Analysen der Sicherheitsintegritätsstufen für Automobile
(ASIL) sowie informativ für nicht normative Vorgaben, die zur praktischen Anwendung wegen der übergeordneten Gesichtspunkte hilfreich sein können. Einen
quantitativen Eindruck vom Umfang der Normen zur Elektronik und deren Software vermittelt Tabelle 1.

Tabelle 1. Vorgaben in Sicherheitsstandards

Norm	Anzahl
IEC 61508, Teil 1, 1998	128
IEC 61508, Teil 2, 1998	194
IEC 61508, Teil 3, 1998	200
IEC 61508, Teil 1, 2010	170
IEC 61508, Teil 2, 2010	285
IEC 61508, Teil 3, 2010	244
ISO 26262, Teil 2	126
ISO 26262, Teil 3	79
ISO 26262, Teil 4	248
ISO 26262, Teil 5	178
ISO 26262, Teil 6	278
ISO 26262, Teil 7	54
ISO 26262, Teil 8	239
ISO 26262, Teil 9	67
DIN EN 50128	488
IEC 60880	842

Die Norm ISO 26262 umfasst insgesamt 1269 zu berücksichtigende Vorgaben,
die entsprechende Anzahl der IEC 61508 erhöhte sich von 522 in der ersten auf
699 in der zweiten Version. Bei solchen Anzahlen von Vorgaben stellen sich dann
immer wieder die Fragen:

– Muss wirklich jede einzelne Anforderung beachtet werden?
– Reicht es nicht aus, dem Sinn der Norm zu entsprechen?

Das beantworten Normen folgendermaßen:

– „Um Übereinstimmung mit dieser Norm zu erreichen, muss dargelegt werden,
dass alle relevanten Anforderungen entsprechend den erforderlichen festgelegten Kriterien (z.B. der Sicherheitsintegritätsstufen) erfüllt worden sind
und somit die Ziele jedes Abschnitts oder Unterabschnitts erreicht worden
sind." (Zitat aus DIN EN 61508:2011, Teil 1, 4.1)
– „When claiming compliance with ISO 26262, each requirement shall be com-
plied with, unless one of the following applies:
  a) tailoring of the safety activities in accordance with this part os ISO 26262
  has been planned and shows that the requirement does not apply, or

b) rationale is available that the non-compliance is acceptable and the rationale has been assessed in accordance with this part of ISO 26262."
(Zitat aus ISO 26262:Ed. 1, Part 2, 4.1)
– „Um mit dieser Europäischen Norm übereinzustimmen, muss gezeigt werden, dass jede der Anforderungen entsprechend der festgelegten Software-Sicherheitsanforderungsstufe erfüllt ist und daher das Ziel des Abschnitts erfüllt wurde." (Zitat aus DIN EN 50128:2001, 4.2)

4 Bedarf an Hilfsmitteln zur effizienten und verlässlichen Normenanwendung

Bild 1 zeigt die unterschiedlichen Handlungsstränge, zu denen Normen Anforderungen stellen. Hinzu kommt das Managen der Sicherheit. Einige Normenforderungen gelten nur für einzelne Handlungsstränge, andere für mehrere oder alle. (Haupt-) Rollen, zu denen Normen Anforderungen stellen, und zu berücksichtigende Aspekte, z.B. ob eine gesamte Steuerung erstellt wird oder nur ein Teil davon, sind:

– nicht nur der Auftragnehmer (Elektronik- und/oder Software-Produzent) sondern auch
– der Auftraggeber – was gerne übersehen wird (z.B. Management der Sicherheit, Wahl qualifizierter Auftragnehmer, Verantwortung für Festlegung der Schnittstellen zwischen Auftraggeber und Auftragnehmer, Prüfung der Zulieferungen, Integration der Zulieferungen, Prüfplan Gesamtprodukt, Prüfdurchführung),
– nicht nur die Entwicklung und Produktion der Elektronik und deren Software sondern auch
– das Ermitteln des Risikos, das mit dem Produkt verbundenen sein wird (Es geht dabei um das Risiko von Schäden an Personen oder der Umwelt, jedoch nicht um das kommerzielle Risiko, das Fehlschläge in der Entwicklung oder Produktion mit sich bringen, wie z.B. Gewinneinbrüche oder Reputationsverlust. Die Risikoanalyse wird gerne bei einem Unterauftragnehmer abgeladen, der sie dann oft nicht wirklich erbringen kann.),
– Produkte,
– Prozesse,
– Erreichen der Übereinstimmung mit der Norm ebenso wie der
– Nachweis, dass die Übereinstimmung tatsächlich erreicht wurde,
– einzelne Work Products (z.B. Codierrichtlinie, Testplan, Bedienanleitung) ebenso wie
– die Elektronik und deren Software insgesamt.

Wieder gelten einige Normenanforderungen nur für einzelne Rollen oder Aspekte, andere für mehrere oder alle. Tabelle 1 zeigt, dass die Anzahl der Anforderungen hoch ist und man sich jeder einzelnen widmen muss – und sei es mit der Begründung dafür, dass sie im aktuellen Fall nicht zu berücksichtigen ist.

Wird nur einige Male zum identischen Zweck mit einem Standard gearbeitet, mag das ohne Hilfsmittel gehen. Die wechselnde Anwendung der Standards, z.B. auf unterschiedliche Work Products (wie Betriebssystem, Anwendungssoftware), in unterschiedlichen Rollen (wie Auftraggeber, Auftragnehmer), in unterschiedlichen Handlungssträngen (wie Prozessgestaltung, Produktentwicklung) oder auch für unterschiedliche Risikostufen (SIL, ASIL), ist ohne Hilfsmittel allerdings kaum vernünftig zu bewältigen.

Deswegen war um 1999 – veranlasst durch das Erscheinen der IEC 61508 – durch die Firma CATS ein Konzept erarbeitet und als Werkzeug (RiskCAT) realisiert worden, das die fallspezifische Filterung von Anforderungen aus Normen unterstützt. Es zeigte sich, dass die Filterung der Anforderungen für eine gegebene Aufgabe mit RiskCAT – verglichen mit der „manuellen" Selektion durch erfahrene Fachleute – schneller und umfassender vor sich ging. Außerdem verbesserten sich Reproduzierbarkeit und Nachvollziehbarkeit.

Weil letztere beiden Eigenschaften und umfassendes Erfassen relevanter Anforderungen in der Kerntechnik einen besonderen Stellenwert haben, fanden Konzept und Tool Eingang in das Forschungsvorhaben VeNuS (Vorgehen zum effizienten Nachweis der Benutzbarkeit und Sicherheit rechnergestützter Leittechniksysteme; gefördert vom BMWi, Kennzeichen 1501282). Dort wurde einerseits das Konzept auf seine Nutzbarkeit mit kerntechnischen Standards untersucht. Andererseits diente RiskCAT als Beispiel für die Software-ergonomische Untersuchung von Bedienschnittstellen durch das Institut für Psychologie und Arbeitswissenschaft der TU Berlin und den Lehrstuhl für Ergonomie der TU München.

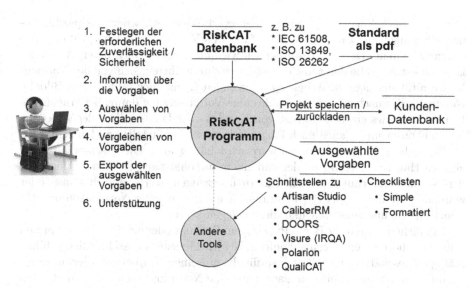

Abb. 2. Funktionen und Aufbau von RiskCAT

Bild 2 zeigt das Konzept von RiskCAT. Alle seine Versionen haben einen identischen Programmkern – mit Ausnahme der Risikographen. Der Programmkern wird an die jeweiligen Standards über die RiskCAT-Datenbank angepasst. RiskCAT bietet stets den Rückgriff auf die Originalnorm, in den neueren Versionen auch aus den Checklisten und auch aus einem Requirements Management Werkzeug heraus. Mit seinen Funktionen hilft RiskCAT bei der Initialisierung der verschiedenen Handlungsstränge bei der Arbeit mit Normen und bei der Erstellung der entsprechenden Pläne (links der Linie (a) in Bild 1). Heute ermöglicht RiskCAT, das es für eine ganze Reihe von Normen gibt, z.B.

- das Filtern von Anforderungen nach
  - Verbindlichkeit der Anforderungen und/oder
  - Work Products und/oder
  - Aktivitäten und/oder
  - Schlagworten,
- den Vergleich zwischen den Anforderungen bei verschiedenen Risikostufen,
- für bestimmte Normen den Vergleich einer Norm mit einer anderen,
- die Ausgabe der selektierten Anforderungen
  - als Checkliste und/oder
  - als Export zu Requirements Management Tools´,
- das Speichern von Anforderungskonstellationen zur Weiterverwendung (unverändert oder modifiziert) in Folgeprojekten,
- das Zusammenspielen mehrerer Selektionen mit anschließender Kontrolle, ob diese Selektionen insgesamt alle Anforderungen der Norm beinhalten.

5   Umfang erreichter Normenkonformität

Die unter Berücksichtigung der Normen erarbeiteten Anforderungsspezifikationen/Planungen für Entwicklung, Prüfung (V&V), QM oder Überprüfung (Assessment) umzusetzen, ist Kern der Entwicklungsarbeit. Nach deren Abschluss ist es zuerst Aufgabe derer, die die Arbeiten durchführten, sich von der Normenkonformität der eigenen Arbeit zu überzeugen (rechts der Linie (b) in Bild 1). Geschieht dies nachvollziehbar, ist das eine Voraussetzung dafür, bei Fragen von Institutionen des eigenen Hauses, von Kunden oder Dritten die Belege über die Normenkonformität (auch nach langer Zeit noch) bereitstellen zu können.

Bei sicherheitsgerichteter Software wird häufig auch ein Assessor aus dem eigenen Haus, vom Kunden oder von einem unabhängigen Dritten Fragen nach der Normenkonformität stellen. Ihn zu überzeugen, sollte einfach sein – oder zumindest weniger schwierig, wenn man sich selber von der Normenkonformität seiner Arbeit überzeugt hat und diese belegen kann.

In welchem Umfang z.B. ein Prozess, ein Produkt oder ein Test (Testplan und -bericht gehören dazu) normenkonform ist, wird meistens ausschließlich gefühlsmäßig eingeschätzt. Das gilt ebenso für die einzelnen Normenanforderungen als auch für die Normenkapitel und sogar für eine Norm insgesamt. Das empfanden wir als wenig ingenieurhaftes Arbeiten und entsprechend als unbefriedigend.

Aus den beiden europäischen Forschungsprojekten EUREKA TASQUE [1] und ESPRIT SQUID [2] gibt es Ansätze zur Beurteilung der Qualität von Software. Beide Projekte waren auf Qualität allgemein gerichtet, nicht spezifisch auf Sicherheit. Die mit den dort entwickelten Beurteilungsmechanismen erzielten Ergebnisse wichen oft signifikant von Experteneinschätzungen ab. Aufbauend auf den Vorarbeiten aus TASQUE und SQUID wurde in einem Arbeitspaket des bereits erwähnten Vorhabens VeNuS daraufhin an einem Vorgehen gearbeitet, um die Beurteilung der Normenkonformität von Elektronik und deren Software zu objektivieren. Dokumentiert ist das in der Diplomarbeit [3] und im Forschungsbericht [4]. Das entwickelte Beurteilungskonzept zeigt Bild 3. Realisiert wurde es in dem Tool-Prototypen VeNuSEQ, der im Rahmen von VeNuS validiert wurde [5] und dann als Vorlage für das Werkzeug QualiCAT diente.

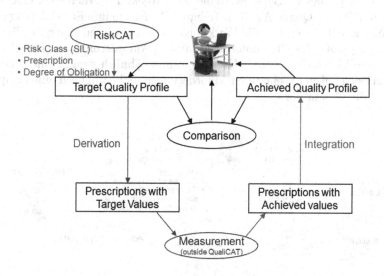

Abb. 3. Beurteilungskonzept

QualiCAT berechnet – ebenso wie VeNuSEQ – aus dem erforderlichen SIL und dem Grad der Verbindlichkeit der jeweiligen Forderung (z.B. shall, should, may) einen Zielwert, der den notwendigen Erfüllungsgrad der Forderung angibt. Die Zielwerte sind normiert auf 0 bis 1. Als Ergebnis seiner Arbeit ordnet der Prüfer jeder Vorgabe einen von vier erreichten Werten zu, nämlich „nicht erfüllt", „kaum erfüllt", „im Wesentlichen erfüllt" oder „vollständig erfüllt". QualiCAT kennt zwei Betriebsmodi, nämlich den Planungs- und den Produktionsmodus. Im Produktionsmodus können die drei Erfüllungsgrade oberhalb „nicht erfüllt" nur angewählt werden, wenn eine Notiz zur Anforderung gemacht wird und/oder auf ein Dokument verlinkt wird. QualiCAT vergleicht dann die erreichten Werte mit den Zielwerten. Aus den einzelnen Anforderungen wird zu den Normen-Kapiteln und zur Gesamtnorm integriert. Verwendet wird hierfür die folgende Formel und das damit berechnete Ergebnis abschließend auf 1 begrenzt.

$$Topic\_Achieved_{mn} := \left(\sum_{o=1}^{\text{Number of Requirements}} Link\_Topic\_Req_{mno} \right)^{-1} \times$$

$$\times \sum_{o=1}^{\text{Number of Requirements}} Min(Requirement\_Achieved_{mno},$$

$$2 \times Topic\_Target_{mn} \times Link\_Topic\_Req_{mno})$$

Die Funktionen und den Aufbau von QualiCAT zeigt Bild 4. Die beiden Werkzeuge VeNuSEQ und QualiCAT wurden unabhängig voneinander in verschiedenen Firmen entwickelt. QualiCAT wurde in einem Back-to-Back-Test gegen VeNUSEQ validiert. Bei einer Reihe von Projekten wurden vor Berechnung mit VeNUSEQ oder QualiCAT die beteiligten Prüfer um ihre Einschätzung gebeten. Die Einschätzungen und die Werkzeugergebnisse zeigten eine gute Übereinstimmung. QualiCAT stellt Konformität mit den Anforderungen nach IEC 61508 in Form von Listen dar oder als Kreisdiagramme ähnlich dem in Bild 8 gezeigten, wobei sich außen die einzelnen Anforderungen und dann nach innen Kapitel, Teile und die Gesamtnorm finden.

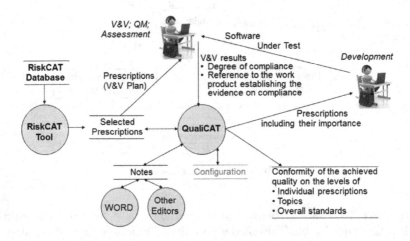

Abb. 4. Funktionen und Aufbau von QualiCAT

6   Prüfung umgangssprachlicher Work Products

Neben Code besteht Software aus einer ganzen Reihe weiterer Work Products. Die von der DIN EN 61508 adressierten Software Work Products zeigt Bild 5.

Auch bei sicherheitsgerichteter Software sind – abgesehen vom Code – die meisten Work Products umgangssprachlich abgefasst oder haben nennenswerte

--- SW Anforderungen ---
Software Anforderungsspezifikation
Software Validierungsplan

--- SW Architektur ---
Software Architekturbeschreibung
Testspezifikation Software-Architektur-
  Integration
Bedienanleitung Entwicklungswerkzeuge
Codier Richtlinie

--- SW System ---
Software Systembeschreibung
Testspezifikation Software-System-
  Integration

--- SW Module ---
Software Modul Entwurfs Spezifikation
Software Modul Test Spezifikation

--- Coding ---
Code
Software Modul Test Report
Software Code Review Report

--- SW Integration ---
Software Modul Integration Test Report
Software System Integration Test Report
Software Architektur Integration Test Report

--- SW Operation and Maintenance ---
Benutzerhandbuch
Bedienanleitung
Wartungsanleitung

--- SW Validation ---
Validierungsreport

--- SW Modifikation ---
SW Modifikations-Anleitung
SW Modifikations-Anforderung
SW Modifikations-Auswirkungsanalyse
SW Modifikations-Bericht

--- Phasenübergreifende ---
SW Sicherheitsplan
SW Verifikationsplan
SW Verifikationsbericht
Plan zum Nachweis der Sicherheit
Bericht über den Sicherheitsnachweis

Abb. 5. Von DIN EN 61508 adressierte Software Work Products

umgangssprachliche Bestandteile. Deshalb besteht das Prüfen von Software zu einem großen Teil im Prüfen umgangssprachlicher Dokumente. Die vielen ausgefeilten Verfahren und Werkzeuge zum Prüfen formaler Software-Bestandteile helfen deshalb meist nur bei einem einzigen Work Product – dem Code.

So wie bisher meist die Beurteilung der Normenkonformität erfolgt, nämlich „aus dem Bauch heraus", so werden häufig auch umgangssprachliche Software Work Products geprüft. Im Ergebnis sind Nachvollziehbarkeit und Reproduzierbarkeit der Prüfung oft unbefriedigend. Man mag sogar bezweifeln, ob es sich bei einem Vorgehen „aus dem Bauch heraus" um ein Verfahren handelt und damit überhaupt um eine Prüfung im folgenden Sinne:

- Prüfen: Ermittlung eines oder mehrerer Merkmale an einem Gegenstand der Konformitätsbewertung nach einem Verfahren (DIN EN ISO/IEC 17000: März 2005, 4.2)
- Ausgangspunkt: Prüfplan
- Ziel: „maximale Fehleranzahl in minimalem Zeitraum mit minimalem Resourcenverbrauch finden" (Roger S. Pressman)
- Ergebnis: Prüfbericht
- Kompetenzanforderungen an Prüflaboratorien: DIN EN ISO/IEC 17025

Trotz Zweifeln an den Erfolgsaussichten wurde im Rahmen des Nachfolgevorhabens VeNuS 2 (gefördert vom BMWi, Kennzeichen 1501389) ein Arbeitspaket „Schritte hin zur automatisierten Dokumentenprüfung" gefördert. Mit einem Aufwand von wenigen Mannmonaten wurde versucht, Effizienz (identifizierte Schwächen pro Arbeitszeit), Nachvollziehbarkeit und Reproduzierbarkeit der Prüfung umgangssprachlicher Software Work Products zu verbessern.

Zuerst wurden aus Literatur (und Normen) zu Software-Dokumenten, aus dem Bereich der Publizistik und zu elektronischen Medien Inhalte und Merk-

Nr.	Merkmal	Teilmerkmal	Basismerkmal
	Qualität des Inhalts		
		Widerspruchsfreiheit	Widerspruchsfreiheit zwischen Kapiteln und Tabellenverzeichnissen
			Widerspruchsfreiheit zwischen Kapiteln und Bildverzeichnissen
		Aktualität	Aktualität
		Eindeutigkeit	Eindeutigkeit
		Genauigkeit	Ungenaue Sätze
			Fachbegriffe sind erklärt
	Grün: Automatisch		Ungenaue Begriffe
			Mehrdeutige Begriffe
	Gelb: Manuell		Phrasen
			Abkürzungen sind erläutert
			Literaturverweise
		Knappheit	Knappe Sätze
			Freiheit von Wiederholungen, Dubletten
			Freiheit von Wiederholungen Gegenüber VorDok
			Querverweise (sie vermeiden Wiederholungen)
			Anteil Stopp-Wörter
			Mindestanteil Abkürzungen
			Limit the Number of Words
			Limit the Number of Sentences
			Nicht referenzierte Anhänge
		Integrität	Eindeutige Kennzeichnung im Kopf jeder Seite
			Angabe der Gesamtseitenzahl
			87 Basismerkmale insgesamt: 47 automatisch ermittelt

Abb. 6. Qualitätsbaum für umgangssprachliche Software Work Products (Auszug)

male herausgesucht, die die Qualität von Dokumenten ausmachen. Insbesondere unterteilen einige Normen die Merkmale bereits in Teilmerkmale. Sie wurden ebenfalls übernommen. Beispielhaft wurden die Teilmerkmale dort weiter in Basismerkmale verfeinert, wo die Möglichkeit gesehen wurde, die Basismerkmale automatisch zu bestimmen, z.B. Satzlängen, Verwendung mehrdeutiger Begriffe, Vorhandensein eines Abkürzungsverzeichnisses. Einen Auszug aus dem so gebildeten Qualitätsbaum zeigt Bild 6.

Für das automatische Bestimmen der Basismerkmale wurden xsl-Scripts vorgesehen. Die beschriebene Herangehensweise wurde als Werkzeugprototyp realisiert (siehe Bild 7). Der Prototyp zeigt seine Ergebnisse in Form von Listen oder Kreisdiagrammen (Bild 8) an.

Um die mit dem Prototypen erzielten Ergebnisse zu plausibilisieren, wurde zuerst ein „reifes" Dokument geprüft und dann ein in der Erstellung befindliches Dokument desselben Autors. Erwartungsgemäß zeigte die Prüfung für das reife Dokument eine bessere Qualität. Weiterhin wurden einige Bedienungshandbücher einerseits von Experten des Lehrstuhls für Ergonomie der TU München und andererseits mit dem Prototypen geprüft. Das Ergebnis dieser Gegenüberstellung zeigt die [6] entnommene Tabelle 2. Offenbar kann man schon mit dem Prototypen eine erste Qualitätseinschätzung umgangssprachlicher Dokumente vornehmen, und zwar effizient (Werkzeuglauf und Sichtung der Ergebnisse brauchen einige Stunden), nachvollziehbar und vollständig reproduzierbar. Für eine ausführliche Darlegung von Herangehensweise, Werkzeugprototyp und damit erzielten Prüfergebnissen wird auch auf [6] verwiesen.

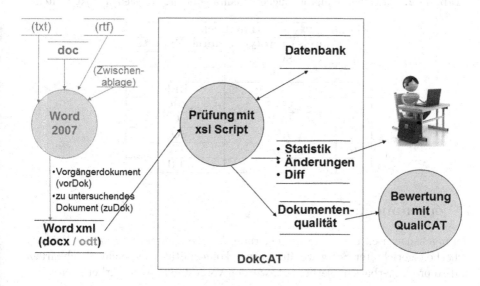

Abb. 7. Kontext des Werkzeugprototypen

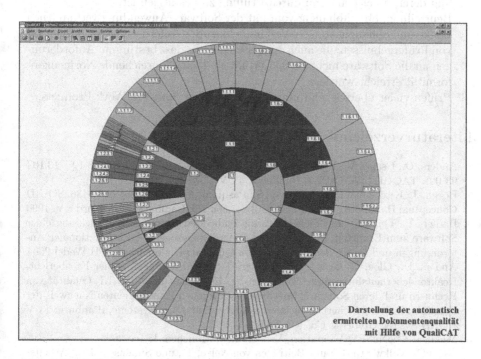

Abb. 8. Kreisdiagramm der Merkmale eines umgangssprachlichen Software Work Products

Tabelle 2. Maschinelles und manuelles Qualitätsranking von sieben Dokumenten

Platz	Handbuch	
	durch Prototypen	durch Experten
1	SCA	SCA
	SOF	
2	—	HEB
3	COB	HIC
4	HEB	COB
5	HIC	SOF
6	LH	UV
7	UV	LH

7 Zusammenfassung

Herangehensweisen und effizienzsteigernde Werkzeugunterstützung zur Prüfung sicherheitsgerichteter Software auf Normenkonformität, die Nachvollziehbarkeit und Reproduzierbarkeit verbessert, wurden vorgestellt für die Arbeitsbereiche

1. Filtern der Anforderungen an Software Work Products, Prozessschritte oder bestimmte Rollen, die zur Normenkonformität zuerst erreicht werden müssen und deren Erreichen dann durch Prüfung zu bestätigen ist,
2. Beurteilung, ob – abhängig vom mit der Software-Anwendung verbundenen Risiko und abhängig von der Verbindlichkeit der Anforderungen – ausgehend von Prüfergebnissen, die auch ausweisen mögen, dass bestimmte Anforderungen an die Software nicht perfekt erfüllt sind, eine hinreichende Normenkonformität erreicht wurde,
3. Prüfen vieler überwiegend umgangssprachlicher Software Work Products.

Literaturverzeichnis

1. Anders, U.; Csapo, V.; Flor, R.; Glöe, G.: Forschungsbericht (13 RG 88 12 / 13 RG 93 09), TAQUE (TAMARA); Hamburg: TÜV Nord e.V. 1995
2. Bøegh, J.; Kitchenham, B.; Linkman, S.; Pasquini, A.: Esprit project P8436, SQUID Conceptual Handbook, Work Package 3, Version 1.0; Hamburg: TÜV Nord e.V. 1996
3. Hadler, T.: Qualität und Sicherheit von Embedded Systemen; Entwicklung einer Software zum Ermitteln qualitäts- und sicherheitsbezogener nichtfunktionaler Anforderungen und Beurteilen der erreichten Qualität; Diplomarbeit, FH Wedel 2004
4. Anders, U.; Glöe, G; Gran, B.A.; Hadler, T.; Miedl, H.: Technischer Fachbericht, Reaktorsicherheitsforschung – Vorhaben-Nr. 1501282, Zum WP 4.1.1, Qualität von Rechnern und deren Software, im Vorhaben Vorgehen zum effizienten Nachweis der Benutzbarkeit und Sicherheit rechnergestützter Leittechniksysteme; Hamburg: TÜV NORD SysTec GmbH & Co. KG 2006
5. Miedl, H.; VeNuSEQ Validation; Version 2.00; München: ISTec 2006
6. Glöe, G.; Volkwarth, D.; mit Beiträgen von Nelke, T., und Simensen, J.E.; Arbeitspaketbericht VeNuS 2, Teil 3, WP 8: Schritte hin zur automatisierten Dokumentenprüfung; Hamburg: CATS Software Tools GmbH 2012

Reaktive optische Einknickwinkelvermessung bei Gliederfahrzeugen

Simon Eggert, Christian Fuchs, Frank Bohdanowicz und Dieter Zöbel

Arbeitsgruppe Echtzeitsysteme
Universität Koblenz-Landau, 56070 Koblenz
{simon.eggert|fuchsc|bohdan|zoebel}@uni-koblenz.de

Zusammenfassung. Fahrzeuge mit Anhänger stellen sowohl bei der Vorausfahrt als auch beim Rangieren ein Sicherheitsrisiko dar. Dies gilt insbesondere für Fahrzeuge mit zweiachsigem Anhänger. In dieser Arbeit wird ein Softwaresystem für einen optischen Sensor vorgestellt, der hoch reaktiv die beiden Winkel zwischen Zugfahrzeug und Zweiachsanhänger misst und damit die Voraussetzung für entsprechende Assistenzsysteme schafft, welche die Sicherheit steigern. Insbesondere die Verlässlichkeit der ermittelten Werte und die Aktualität der Daten, die der Sensor ständig liefert, muss gewährleistet sein. Aspekte der funktionalen Sicherheit spielen bei der Entwicklung und im Betrieb der Software eine zentrale Rolle und finden besondere Berücksichtigung.

1 Einleitung und Motivation

In vielen modernen Fahrzeugen werden bereits heute rückwärtsgerichtete Kameras verbaut. Diese geben dem Fahrer eine bessere optische Unterstützung als klassisch angeordnete Rückfahrspiegel. Gerade bei der komplexen Kinematik von mehrgliedrigen Fahrzeugen kann der Fahrer durch Kamerabilder entlastet werden. Assistenzsysteme sind somit der nächste Schritt zur Verbesserung der Sicherheit im Straßenverkehr. Das Bild einer rückwärtsgerichteten Kamera erweitert zwar das Sichtfeld des Fahrers, kann aber alleine keine Aussage über den aktuellen Fahrzeugzustand oder die Stabilität des Anhängers liefern. Um solche Assistenzen für Gespanne entwickeln zu können, ist eine präzise und reaktive Vermessung der Einknickwinkel unerlässliche Vorraussetzung. Dies gilt insbesondere für Fahrzeuge mit zweiachsigem Anhänger (wie in Abbildung 1).

Zum einen muss der Winkel γ zwischen Zugfahrzeug und Deichsel und zum anderen der Winkel κ zwischen Deichsel und Drehschemel des Anhängers rekonstruiert werden. Die Berechnung der Winkel γ und κ wird durch eine rückwärtsgerichtete Kamera am Zugfahrzeug, welche die am Anhänger befestigten Marker beobachtet, erreicht. Aus den Kamerabildern werden dann die Winkel zurückgerechnet. Abbildung 1 zeigt den schematischen Aufbau des Systems bezogen auf Kamera, Marker und Winkel γ und κ. Der Fahrzeugaufbau und das zur Berechnung der Winkel verwendete mathematische Verfahren orientieren sich am Patent DE 10 2006 056 408 A1 (siehe [4]).

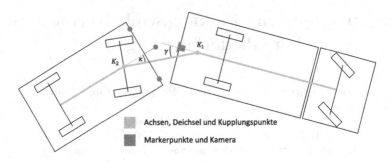

Abb. 1. Schematische Darstellung der Einknickwinkel γ und κ (Gier-Winkel) an einem zweiachsigen Gespann

Das hier vorgestellte System erschließt, aufbauend auf bestehender Sensorik, völlig neue Möglichkeiten für Assistenzsysteme: Durch die optische Vermessung der Einknickwinkel im Gespann können beispielsweise Rangierassistenten bei der Rückwärtsfahrt oder Stabilisationsassistenten für die Vorwärtsfahrt realisiert werden.

Im Mittelpunkt der Anwendung stehen Nutzfahrzeuge mit zweiachsigem Anhänger. Obwohl sie kostengünstig und unter logistischen Gesichtspunkten sehr vielseitig einsetzbar sind, entfällt nur etwa 15% des Straßengüterverkehrs auf sie. Zwei Gründe dafür sind Stabilitätsprobleme bei extremen Bremsvorgängen und die schwierige Handhabung beim rückwärtigen Rangieren. Beide Probleme können durch geeignete Assistenzen überwunden werden, deren Voraussetzung, wie oben beschrieben, in einer reaktiven und präzisen Vermessung der Einknickwinkel liegt. Für das Fahrzeug, den Fahrer und den gesamten Verkehr bedeuten solche Assistenzen erhöhte Sicherheit.

Sicherheitskritische Einsatzgebiete wie im Straßenverkehr verlangen von allen Komponenten eines Assistenzsystems ein hohes Maß an Zuverlässigkeit. Das bedeutet für das Sensorsystem, dass es in der Lage sein muss, intelligent mit Eingabedaten umzugehen und berechnete Werte zu plausibilisieren. Zeitaspekte spielen ebenso eine Rolle wie der Umgang mit erkannten Fehlern. In dieser Arbeit wird ein Softwaresystem (Kapitel 2 und 3) vorgestellt, das den Fokus auf die Erfüllung der Grundsätze der funktionalen Sicherheit (Kapitel 4) legt und anschließend evaluiert (Kapitel 5) wird.

2   Software-Architektur

Gemäß der sicherheitsbezogenen Norm IEC 61508 Abschnitt 3 [9] ist die Softwarearchitektur der Ansatzpunkt, um Sicherheit zu etablieren. Nach [1] gibt es bisher wenige Leitlinien, wie solche Sicherheitsrichtlinien umgesetzt werden sollen. Dort werden Sicherheitaktiken bzw. Betriebssicherheit für Softwarearchitekturen als Erweiterung der etablierten Eigenschaften von Softwarearchitekturen nach [2] (Verfügbarkeit, Modifizierbarkeit, Performanz, Nutzbarkeit, Angriffssicherheit und Testbarkeit) vorgeschlagen. Diese Eigenschaften werden in der vorgestellten Architektur aufgegriffen und durch spezielle Steuerungseinheiten, die sich um Fehlererkennung und den daraus resultierenden Systemzustand kümmern, umgesetzt.

Im ersten Entwicklungsschritt wurde eine Analyse potentieller Fehler durchgeführt. Dabei kam als Grundlage eine Klassifikation der Fehler nach dem Fehler-Attribut-Modell [3] zum Einsatz. Das Modell enthält die Klassen Fehlerauftreten, Fehlerursachen, Fehlerverhalten und Fehlereigenschaften. Auf diese Weise ist es möglich, bei der Implementierung einen systematischen Ansatz zur Fehlerbeherrschung zu verfolgen. Die jeweiligen Aspekte des Modells gliedern sich wie folgt:

Fehlerauftreten
- Auftreten von Events
- Ausbleiben von Events

Fehlereigenschaften
- Erkennbarkeit von Fehlern
- Tolerierbarkeit erkannter Fehler

Fehlerverhalten
- Ausbreitung
  (Kaskadieren falscher Ausgaben
  zu falschen Werten)
- Transformation
  (Zeitfehler → Wertigkeitsfehler)

Fehlerursachen
- Software
- Hardware
- Umwelteinflüsse

Die Klassifikation und Weiterverarbeitung der Fehler nach diesen Kriterien findet abgekapselt in eigenen Steuerungsklassen statt. Jede einzelne Software-Komponente (siehe Kapitel 3) besitzt seine eigene Steuerungseinheit. Abbildung 2 zeigt schematisch den Aufbau der Softwarearchitektur mit Software-Komponenten und ihren Steuerungsmodulen. Die Steuerungseinheiten regeln sowohl den Datenfluss, zu dem auch Fehlermeldungen gehören, als auch den Kontrollfluss mit seiner zugeordneten Komponente. Eine Schnittstellen-Kommunikation leitet die Daten nach bestandener Prüfung durch das jeweilige Steuerungsmodul zum nächsten Baustein weiter. Sollte während der Prüfung des eingehenden Datenflusses ein Fehler auftreten, entscheidet das Steuerungsmodul, wie auf den Fehler reagiert werden kann. Sollte ein Eingreifen in den Systemzustand nötig sein, wird ein entsprechender Kontrollfluss ausgelöst und ein Signal an die Benutzerschnittstelle gesendet. In einem möglichen Anwendungsfall löst das Signal zunächst eine visuelle Warnung auf einem im Führerhaus montierten Monitor aus. Denkbar wäre auch, das Signal direkt an ein Assistenzsystem zu leiten und Maßnahmen automatisch zu ergreifen.

3 Software-Komponenten

Das System wurde als modularer Softwarebaukasten entwickelt. Es besteht aus drei Komponenten, die jeweils einen abgeschlossenen Aufgabenbereich übernehmen: Bild-Akquisition, Bildverarbeitung und Winkelrekonstruktion (vgl. Abbildung 3). Jede Komponente besteht aus Unterkomponenten und aus Arbeiter-

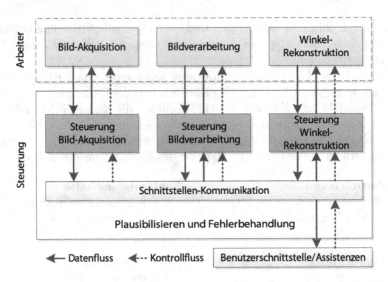

Abb. 2. Darstellung der Systemarchitektur

und Steuerungseinheit. Prinzipiell prüfen die Steuerungen die Daten auf Plausibilität und auf die Einhaltung der gegebenen Spezifikationen, z.B. Größe und Aktualität der Kamerabilder bei der Komponente „Bild-Akquisition". Die Arbeiter hingegen sind für das Erfüllen der konkreten Aufgaben, wie z.B. das Aufnehmen der Bilder von der Kamera, zuständig. Durch drei Unterkomponenten im Baustein Bild-Akquisition ist das System in der Lage, in drei verschiedenen Modi zu operrieren: Im ersten Modus kann es Kamerabilder in Echtzeit verarbeiten, als zweites können Videoaufzeichnungen geladen werden und im dritten Modus werden, durch Simulation der Kamera und entsprechender Markerpunkte, synthetische Daten zur Weiterverarbeitung generiert. Der erste Modus dient zum Betrieb am Fahrzeug, der zweite zur Analyse von Testfahrten im Labor und mit dem dritten, synthetischen Modus sollen Systemgrenzen gefunden bzw. verwendete Algorithmen verifiziert werden. Die Flexibilität wird durch eine einheitliche Schnittstelle der drei Unterkomponenten möglich. Damit wird ein einheitliches Format für Bilddaten und Zeitstempel, die den Zeitpunkt der Bildaufnahmen repräsentieren, definiert.

3.1 Komponente „Bild-Akquisition"

Zentrale Einheit der Bild-Akquisition ist der Kamera-basierte Teil der Software. Das im Prototyp des Winkelsensors verwendete Modell für die Rückfahrkamera ist eine *Allied Vision Tech Proscilica GT 1290*. Dieses Kamera-Modell arbeitet nach *GigE Vision* Standard Version 2 [11], welcher das Precision Time Protocol (PTP, Standard IEEE 1588 [10]) unterstützt. PTP synchronisiert die Systemuhren der beteiligten Geräte (z.B. Kamera und Computer). Der *GigE Vision* Standard nutzt das Internet Protocol (IP) auf der Vermittlungs- und das

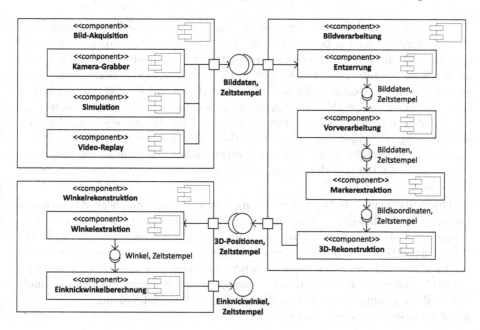

Abb. 3. Komponenten-Diagramm der entwickelten Bausteine

User Datagram Protocol (UDP) auf der Netzwerkschicht. Wird im Systemumfeld IP over Ethernet[1] oder MOST[2] verwendet, garantiert PTP eine Synchronisationsgenauigkeit von ± 100 Nanosekunden (vgl. [10]). PTP arbeitet dabei mit dezentralisierten Uhren, die mit einem zentralen Zeitgeber, der Grand Master Clock, abgeglichen werden. Mittels des Best Master Clock Algorithmus wird aus allen angeschlossenen Geräten das mit der exaktesten Uhr als Grand Master Clock bestimmt. Dieses könnte in einem Fahrzeug der GPS-Empfänger eines angeschlossenen Navigationsgeräts sein. Mittels des im *GigE Vision* Standard enthaltenen Zeitstempels ist die Aktualität der Bilddaten überprüfbar. Damit wird die Ausbreitung und das Transformieren von Fehlern vermieden. Das Fehlerverhalten nach dem Fehler-Attribut-Modell ist dadurch steuerbar. Zu langsame Teilkompontenten des Systems werden mittels des Zeitstempels erkannt. Die Verwendung des *GigE Vision* Standards oder eines gleichwertigen Standards mit Uhrensynchronisation ist Vorraussetzung zur Gewährleistung der korrekten Funktion des optischen Winkelsensors. Abgespeicherte Videodaten beinhalten die Zeitstempel, sodass auch beim Analysieren von bereits durchgeführten Tests der Zeitpunkt der Aufnahme berücksichtigt werden kann. Die Bild-Akquisition erkennt auch die Fehlerursache. Auf Umwelteinflüsse wie beispielsweise stark verschmutzte Marker, eine nicht angeschlossene Kamera oder leere Bilder wird in diesem Modul entsprechend reagiert.

---

[1] IEEE 802.3
[2] Media Oriented System Transport

Das Testen mit Kameras bzw. das Aufnehmen von abspielbaren Bilddatensätzen erfordert einen hohen Zeiteinsatz. Um diesem Aspekt zu begegnen, wird eine Simulation eingesetzt, die den kompletten Aufnahmeprozess simuliert und synthetische Eingabedaten für die weiteren Berechnungen generiert. Darin spiegelt sich auch der Gedanke des Software-in-the-Loop wider. Wichtige geometrische Eigenschaften sowohl des Markeraufbaus als auch der Kamera lassen sich in der Simulation parametrisieren. Durch ein Steuerungs-Interface werden Anhängerbewegungen nachgebildet. Die Simulation nutzt dabei einen einfachen Ray-Tracer, der die vereinfachte Markergeometrie rendert. Die Simulation generiert auch einen Zeitstempel, der durch die gesamten Verarbeitungskette durchgereicht wird.

Durch die synthetischen Bilder ist man in der Lage, mögliche Abweichungen, die z.B. mechanisch bedingt auftreten (z.B. Ausrichtung der Kamera, falsch bestimmte Parameter, etc.), abzubilden und deren Auswirkungen auf die Winkelrekonstruktion zu ermitteln. Aus den so gewonnenen Kenntnissen lassen sich Rückschlüsse auf das reale System ziehen: Die Grenzen des Systems können ermittelt werden. Dazu zählen die Genauigkeit der Kamera und der maximal ermittelbare Einknickwinkel. Das Testen dieser Randbedingungen steigert die mögliche Erkennungsrate von Fehlern.

3.2   Komponente „Bildverarbeitung"

Im zweiten Modul Bildverarbeitung werden die bereitgestellten Bilddaten analysiert und ausgewertet. Da optische Sensoren beim Abbildungsprozess systematische Fehler generieren, muss das Kamerabild initial kalibriert werden. Zu den primären Abbildungsfehlern gehören Verzerrungen, die der Linsengeometrie geschuldet sind. Diese Effekte kann man durch eine Entzerrung neutralisieren. Ergebnis einer Kalibrierung sind korrektive Abbildungsfunktionen, die die Pixel eines Ursprungsbildes so transformieren, dass die Verzerrungen ausgeglichen werden. Da Bildpixel gewöhnlich in einem äquidistanten, orthogonalen Raster angeordnet sind, müssen die rasterisierten Bildwerte ggf. interpoliert werden. Das korrekt entzerrte Bild wird demnach aus dem Ursprungsbild mit extrahierten Verzerrungskoeffizienten approximiert. Das von Tsai und Lenz (vgl. [5] und [6]) entwickelte Verfahren wird verwendet, um die intrinsichen Parameter aus Kalibrieraufnahmen zu extrahieren und die Verzerrungskoeffizienten zu bestimmen.

Da in den Kalibrierdaten die Abbildungseigenschaften der Kamera enthalten sind, können normierte 3-D-Richtungsvektoren für jede Bildposition berechnet werden. Es ergeben sich so die Sichtstrahlen von der Kamera zu dem beobachteten Objekt. Die benötigte Tiefeninformation ist auf diese Weise nicht ermittelbar. Die Entfernung zum Objekt kann mittels Stereo-Techniken bzw. Epipolargeometrie ermittelt werden. In dieser Arbeit wird jedoch ein Ansatz mit nur einer Kamera verwendet, der die Geometrie der Marker nutzt, um deren Entfernung zu berechnen. Eine Programmbibliothek nach Olsen [7] zur Extraktion der Marker wird für diese Aufgabe benutzt.

3.3 Komponente „Winkelrekonstruktion"

Zusätzlich zu den Blickrichtungen in Form von Richtungsvektoren kann, aufgrund bekannter Größen der Marker, auch die Homographie zur Transformation in das Markerkoordinatensystem berechnet werden. Als weiterverarbeitetes Endergebnis der Markerdetektion werden die 3-D-Positionen der Marker relativ zur Kamera verwendet. Diese Informationen werden in der Komponente „Winkelrekonstruktion" benutzt, um aus den gegebenen 3-D-Positionen der Marker die Winkel mittels einer algebraischen Methode zu berechnen. Dabei kommt das Patent DE 10 2006 056 408 A1 (siehe [4]) zur Anwendung.

3.4 Architektur-Zusammenfassung

Zusammengefaßt bietet der oben vorgestellte modulare Aufbau des Software-Systems folgende zentrale Vorteile:

– Jede Systemkomponente kann unabhängig getestet werden. Dadurch wird der Effekt des Fehlerverhaltens (Transformation und Ausbreitung von Fehlern) minimiert.
– Einzelne Verfahren können ausgetauscht und miteinander verglichen werden.
– Die Zeitanalyse jeder einzelnen Komponente ist möglich.
– Durch die Kontrollstrukturen kann zur Laufzeit die Spezifikation des Systems geprüft werden, was eine erhöhte Betriebssicherheit bedeutet.

4 Sicherheitseinstufung

Mit der Norm ISO 26262 [8] wurde Ende 2011 ein internationaler Standard für funktionale Sicherheit elektrischer und elektronischer Komponenten in Kraftfahrzeugen (bis 3,5 t) veröffentlicht. Hierbei handelt es sich um eine Spezialisierung der Grundnorm für funktionale Sicherheit des Standards DIN EN (IEC) 61508 [9]. Die Methodik zur Bestimmung des „Safety Integrity Levels (SIL)" wird hier noch informativ beschrieben, wogegen sie im Standard ISO 26262 normativ umrissen wird. Dieser speziellere Standard wird hier auch für schwerere Nutz- und Lastkraftfahrzeuge angewandt und liefert mit dem „Automative Safety Integrity Level (ASIL)" ein Maß zur Sicherheitsrelevanz einer Fehlfunktion, die sich aus den folgenden drei Parametern ergibt:

E : (*Exposure 1-4*) Häufigkeit der Situationen, in denen die Fehlfunktion auftritt.
C : (*Controlability 1-3*) Beherrschbarkeit der Fehlfunktion, wenn sie in der angenommen Situation auftritt.
S : (*Severity 0-3*) Schwere des Schadens und der Verletzungen, die die Fehlfunktion verursacht, wenn sie in der angenommenen Situation auftritt und nicht beherrscht werden kann.

Aus den Parameter E, C und S ergibt sich das ASIL Level auf einer Skala von A bis D, wobei A die niedrigste und D die höchste sicherheitsrelevante Einstufung

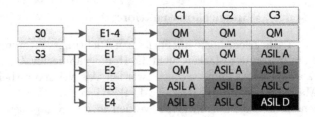

Abb. 4. ASIL-Einstufung (Auszug für $S0$ und $S3$)

darstellt. Zusätzlich gibt es noch die Kategorie QM (Qualtiy Management) für nicht sicherheitsrelevante Systeme. Hier sind einfache Maßnahmen ausreichend, wie sie im regulären Qualitätsmanagement gefordert werden, um die Funktionalität der Software in nicht sicherheitskritischen, Standardszenarien zu garantieren. In Abbildung 4 ist eine Übersicht über die hier relevanten ASIL-Einstufungen für $S0$ und $S1$ zu sehen.

Die Einstufung der funktionalen Sicherheit des optischen Winkelmesssystems bezieht sich auf ihren Einsatzbereich. Dabei wird eine Assistenz in Form einer Anzeige angenommen, die nicht reaktiv in das Fahrzeug eingreift. Die Anzeige soll dem Fahrer lediglich Daten über den Zustand und die Stellung des Gespanns anzeigen und ihn auch dann entsprechend informieren, falls das System nicht zur Verfügung steht. Bei weitreichenderen Assistenzen muss die vorgenommene Einstufung angepasst werden. In dieser Arbeit werden zwei unterschiedliche Einsatzszenarien skizziert: Rangierassistenz bei der Rückwärtsfahrt und Stabilisationsassistenz bei der Vorwärtsfahrt.

Diese Szenarien fordern jeweils eine unterschiedliche ASIL-Einstufung. Die Rangierassistenz während der Rückwärtsfahrt wird nach dem nicht sicherheitskritischen Level QM eingestuft. Hier genügt die Einhaltung einfacher Normen zur Sicherstellung der Funktionalität des Systems nach Vorgaben des Software-Qualitätsmanagements. Bei der Rückwärtsfahrt dient die optische Darstellung des Fahrzeugzustands als Fahrerassistenz zur Verhinderung übermässigen Einknickens des Gespanns. Es wird z.B. auf Speditionshöfen eingesetzt und kommt somit häufig zum Einsatz ($E3$-$E4$). Das System ersetzt keine Einparkhilfe wie Abstandswarner oder Rückfahrkamera, deren Funktion am Fahrzeug durch den Anhänger eingeschränkt ist. Zudem ist der Rangierbereich überschaubar und die Geschwindigkeiten sind beim Rückwärtsfahren niedrig. Gefahrensituationen werden durch unmittelbares Stoppen des Zugfahrzeuges schnell entschärft ($C1$-$C2$). Ein Ausfall des Systems während des Rangiervorgangs bedeutet keine erhöhte Gefahr ($S0$). Das Rangierassistenzssystem ist in der Lage, den Ausfall einzelner Komponenten zu erfassen. Eine für den Fahrer erkennbare Anzeige, dass das System nicht einsatzbereit ist, genügt.

Bei dem zweiten Anwendungsfall, der Stabilisationsassistenz während der Vorwärtsfahrt, liegt der Sicherheitsgedanke der Assistenz im Vordergrund. Es soll das Aufschaukeln des Anhängers frühzeitig erkannt und ein mögliches Ausbrechen bzw. Umfallen des Zuges verhindert werden. Eine solche Situation kann bei erhöhter Geschwindigkeit im Zusammenhang mit falscher Beladung oder starken Seitenwinden auftreten. Diese Situation ist zwar selten ($E1$-$E2$) und durch frühzeitige Reduzierung der Geschwindigkeit auch für ungeübte Fahrer leicht beherrschbar ($C1$-$C2$), das Auftreten bedeutet aber eine Gefährdung des Fahrzeugführers und anderer Verkehrsteilnehmer ($S3$). Sofern sich der Fahrer auf die Funktion des Fahrassistenzsystems bei der Vorwärtsfahrt mit erhöhter Geschwindigkeit verlässt, muss die sichere Funktion garantiert sein. Ein Ausfall des Systems bzw. der Komponenten führt nicht zu einer direkten Gefährdung, muss aber durch das Fahrassistenzsystem erkannt und dem Fahrer angezeigt werden. Daher ist hier eine Einstufung nach ASIL A ausreichend.

Eine Fehlfunktion des Systems kann sich durch folgende Fälle bemerkbar machen: Das System liefert

1: *keine* Winkeldaten.

u.a. Probleme bei der Markerdetektion, eingeschränktes Sichtfeld, Defekt

2: *veraltete* Winkeldaten

u.a. Verzögerung durch defekte Komponente

3: *falsche* Winkeldaten.

u.a. fehlerhafte Übertragung

Diese Fehler werden erkannt und an das Fahrassistenzsystem zur Anzeige für den Fahrzeugführer weitergeleitet. Die eingeschränkte Funktion des Fahrassistenzsystems wird wiederum durch das Fahrassistenzsystem selbst angezeigt. Der vollständige Ausfall muss durch ein seperates Sicherheitssystem des Fahrzeugs abgedeckt werden.

5 Tests und Evaluation

Das vorgestellte System befindet sich in der Testphase. Vorrangiges Ziel der Tests ist es, eine Aussage über die Genauigkeit des entwickelten Sensors zu treffen. Es werden verschiedene Testszenarien sowohl in der Simulation als auch mit einem physischen Aufbau systematisch durchgeführt. Es soll die optimale Hard- und Software-Konfiguration gefunden werden. Noch offene Fragen wie Größe und Positon der Marker am Anhänger, Auflösung und Öffnungswinkel der Kamera sowie Genauigkeit der rekonstruierten Winkel sollen beantwortet werden. Mit der Simulation kann auch die Präzision der rekonstruierten Tiefeninformationen evaluiert werden.

Als Plattform werden drei verschiedene Aufbauten verwendet. Zum einen steht ein Laboraufbau zur Verfügung und zum anderen ein Modell-LKW im Maßstab 1 : 16. Die dritte Plattform ist aus einer Kooperation mit der Hochschule Heilbronn entstanden. Dort können Tests an einem realen Fahrzeuggespann durchgeführt werden. Auf allen drei Plattformen können unterschiedliche Marker und Kameras montiert werden. Zusätzlich zu den physischen Aufbauten werden parallel virtuelle Tests mithilfe der Simulationsumgebung durchgeführt und analysiert. Die Stärke der Simulation ist in diesem Kontext das einfache Anpassen von Parametern und das automatische Durchführen großer Mengen an Testfällen.

6   Fazit und Ausblick

Die entwickelte Architektur des optischen Sensorsystems gewährleistet die notwendige funktionale Sicherheit für den Betrieb. Somit ist eine hinreichende Softwaregrundlage für weitergehende Forschung gelegt. Darauf aufbauend können weitere Sicherheitsanalysen des Systems durchgeführt werden. Aktuell müssen noch tiefergehende Evaluationen bezüglich der Präzision des Gesamtsystems abgeschlossen werden. Erst danach ist eine fundierte Aussage zur Genauigkeit der Rekonstruktion möglich. Die aktuellen Zwischenergebnisse sind vielversprechende. In naher Zukunft soll das System im Regelbetrieb getestet werden.

Größtes Potenzial für Optimierungen sind im Bereich der Bildverarbeitung und der Winkelrekonstruktion zu sehen. Für Assistenzsysteme am wertvollsten wäre eine Erweiterung des Verfahrens um Wank- und Nick-Winkel des Gespanns. Dadurch könnten weitergehende Überwachungen des Gespannzustands entwickelt werden. Desweiteren könnten „natürliche" Marker im Gegensatz zu den jetzt verwendeten „künstlichen" Markern die Anbringung am Anhänger vereinfachen. Grundsätzlich ist es denkbar, eine Rekonstruktion nur mit einem einzigen Marker anstatt der bisher verwendeten drei Marker zu realisieren.

Literaturverzeichnis

1. Wu, Weihang; Kelly, Tim. *Safety tactics for software architecture design.* In: Computer Software and Applications Conference, 2004. COMPSAC 2004. Proceedings of the 28th Annual International. IEEE, 2004. S. 368-375.
2. Bass, Len; Clements, Paul; Kazman, Rick. *Software Architecture in Practice*, 2/E. Pearson Education India, 1998.
3. Fenelon, P.; McDermid, J. A.; Nicolson, M.; Pumfrey, D. J.. *Towards integrated safety analysis and design.* ACM SIGAPP Applied Computing Review, 1994, 2. Jg., Nr. 1, S. 21-32.
4. Balcerak, Elisabeth; Zöbel, Dieter; Weidenfeller, Thorsten. Patent DE 10 2006 056 408 A1, BRD, Deutsches Patent- und Markenamt
5. Lenz, Reimar; Tsai, Roger. *Techniques for calibration of the scale factor and image center for high accuracy 3-D machine vision metrology.* Pattern Analysis and Machine Intelligence, IEEE Transactions on, 1988, 10. Jg., Nr. 5, S. 713-720.
6. Tsai, Roger. *A versatile camera calibration technique for high-accuracy 3D machine vision metrology using off-the-shelf TV cameras and lenses.* Robotics and Automation, IEEE Journal of, 1987, 3. Jg., Nr. 4, S. 323-344.
7. Olson, Edwin. *AprilTag: A robust and flexible visual fiducial system.* In: Robotics and Automation (ICRA), 2011 IEEE International Conference on. IEEE, 2011. S. 3400-3407.
8. ISO Standard for Road Vehicles – Functional Safety (ISO 26262), 2011
9. Funktionale Sicherheit sicherheitsbezogener elektrischer/elektronischer/programmierbarer elektronischer Systeme (DIN EN 61508 (VDE 0803)), 2006
10. IEEE standard for a precision clock synchronization protocol for networked measurement and control systems. IEEE Std 1588-2008 (Revision of IEEE Std 1588-2002), pages c1-269, 2008.
11. *GigE Vision* specification V2 2012, 2012.
    http://www.visiononline.org/vision-standards-details.cfm?id=36&type=5

IT-Sicherheits-Eigenschaften für eng gekoppelte, asynchrone Multi-Betriebssysteme im automotiven Umfeld

Pierre Schnarz und Joachim Wietzke

In-Car-Multimedia Lab
Hochschule Darmstadt, 64283 Darmstadt
{pierre.schnarz|joachim.wietzke}@h-da.de

Zusammenfassung. Zukünftige In-Car-Multimedia Headunits entwickeln sich zu immer komplexeren Systemen. Neben den bereits etablierten automotiven Anwendungen wie Audio, Video, Navigation und Telefonie erhalten aktuelle Trends aus dem Konsumgüterbereich immer mehr Einzug in diese Domäne. Dazu gehören dreidimensional animierte Kombiinstrumente oder stark mit dem Internet gekoppelte Dienste, wie sie für Social-Networking wie Facebook verwendet werden. Eine Konsequenz daraus sind vielschichtige Anforderungen gerade an die verwendeten Betriebssysteme. Um diese Vielfalt abzudecken, wird dazu übergegangen, mehrere Betriebssysteme auf einer Headunit auszuführen. Die Art und Weise, wie diese Systeme auf einer Plattform kompositioniert werden, bietet die Grundlage für IT-Sicherheitsrelevante Fragestellungen. Basis für diese Untersuchung bildet ein experimentelles Multi-Betriebssystem, das möglichst nah an das Konzept eines asynchronen Multiprozess-System heran kommt. Die Untersuchung beschreibt die relevanten Teile des Multi-Betriebssystems, um danach auf mögliche Angriffsvektoren einzugehen, die mit der speziellen Zusammensetzung einhergehen. Es zeigt sich, dass solche Systeme, die durch gemeinsam genutzten Speicher kommunizieren, besondere Anforderungen an die Systemkonfiguration stellen. Denn soll das Multi-Betriebssystem seinen asynchronen und dezentralen Charakter behalten, müssen die Absicherungserweiterungen darauf abgestimmt sein.

1 Einleitung

Im automobilen Sektor werden Funktionen, die früher getrennt von einander betrieben wurden, in einer Headunit (*HU*) konsolidiert. Dies betrifft Funktionen wie zum Beispiel Audio, Video, Navigation und Telefonie. Die Zahl dieser Funktionen im Auto wuchs in den letzten Jahren stetig (vgl. [5]). Mit dem Aufkommen des mobilen Internets bieten sich für den Bereich In-Car-Multimedia (*ICM*) neue Möglichkeiten. Gerade Funktionen wie Audiostreaming, Webzugriff und Social-Networking werden Einzug halten. Des weiteren werden zukünftige *ICM*-Systeme eine Vielzahl von Displays bedienen, die zum einen dem Fahrer Assistenz leisten und zum anderen den restlichen Passagieren ein reichhaltiges

Unterhaltungsangebot bereitstellen. Hier sind Dinge wie zum Beispiel dreidimensional animierte Kombiinstrumente und Videofilme denkbar. Auch die Car-2-Car-Kommunikation wird in den zukünftigen Entwicklungen eine Rolle spielen. Das Ergebnis der Zusammenlegung sind immer komplexere Erfordernisse an das Gesamtsystem. Traditionelle Anforderungen wie Prozessorzeit, Speicherplatz, Echtzeitfähgkeit und Konnektivität seien hier genannt. Aber auch neuartige Voraussetzungen an das zugrundeliegende Betriebssystem samt Applikations-Framework, wie Google *Android* oder Apple *iOS*, rücken in *ICM*-Systemen in den Fokus. Denn Applikationen für solche mobile Plattformen sind in der Regel nur teilweise oder gar nicht plattformunabhängig. Dies macht es notwendig, das gesamte mobile Betriebssystem in die Systemarchitektur einzubinden, um den Nutzen aus der Applikationsvielfalt ziehen zu können. Eine Bereitstellung mehrerer Betriebssysteme ist auch durch den Umstand motiviert, dass sich die Lebenszyklen automotiver Software von den Zyklen der mobilen Anwendungen unterscheiden. Betriebssysteme können in drei verschiedene Gruppen eingeteilt werden: Echtzeitbetriebssysteme (*RTOS*), General-Purpose-Betriebssysteme (*GPOS*) und die mobilen Betriebssysteme (*mobileOS*). Ziel ist es nun, je nach Anforderungslage einen Repräsentanten jeder dieser Bereiche in einem *ICM*-System zusammenzuführen. Dies hält die Komplexität der einzelnen Domänen im beherrschbaren Bereich und erfüllt in der Aggregation das volle Feld an Anforderungen. Jedoch vergrößert die Integration eines *mobileOS* durch seine hohe Internetkonnektivität implizit auch die Angriffsfläche auf das *ICM*-System. Für die sicherheitskritischen Domänen der *HU* stellt dies ein Risiko dar, welches durch eine geeignete Systemarchitektur abgemildert werden muss. Aktuelle Untersuchungen zeigen schon jetzt mögliche Angriffsvektoren auf Automobile (vgl. [1,7]) und deren Auswirkungen auf empfindliche Teile des Fahrzeugs.

2   ICM-Multi-OS

Das ICM-Multi-OS wurde am ICM-Lab[1] des Fachbereichs Informatik der Hochschule Darmstadt entwickelt, um neue Konzepte im automotiven Umfeld experimentell darstellen zu können. Die Systemumgebung zielt darauf ab, möglichst nah an die Idee eines asynchronen Multiprocessing Systems (*AMP*) heran zu kommen. Das bedeutet Ressourcen werden dabei strikt getrennt. Dabei liegt der Fokus auf den Applikationsprozessoren (*APU*) des SoC (System-on-Chip). Einzelne Betriebssysteme werden statisch auf die *APU*-Kerne gebunden. Geräte wie Netzwerkcontroller und Grafikkarten werden dann den einzelnen Kernen zugeordnet und bilden somit eine unabhängige Domäne (OS-Domäne). In Abbildung 1 ist diese Architektur in einer Übersicht dargestellt. Ein wichtiger Aspekt dieser Systeme ist die weitgehende Vermeidung eines Virtual Machine Monitors (*VMM*) oder Hypervisors, der die OS-Domänen verwaltet. Dies ist vor allem dadurch begründet, dass auch Überschneidungen in gemeinsam genutzter Software vermieden werden sollen. Erreicht wird dies, indem keine durchgängige Schicht

---

[1] https://www.fbi.h-da.de/~icm

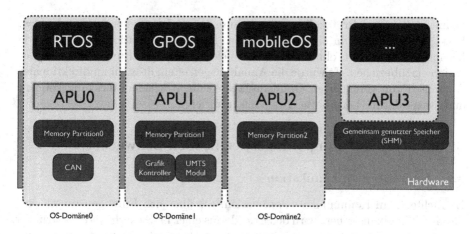

Abb. 1. System Aggregation

zur Abstraktion der Hardware eingeführt wird, wie es zum Beispiel bei einigen Virtualisierungslösungen getan wird. Ähnliche Architekturen werden unter anderem von Kinebuchi et al. [3] und Kanda et al. [8] vorgeschlagen.

Die Systemaggregation wird anhand einer im Voraus festgelegten Konfiguration während der Bootphase instanziiert. Zur Laufzeit findet keine dynamische Anpassung statt. So initialisiert eine APU (z.B. $APU0$) die Hardware. Dabei werden alle nötigen Konfigurationen der Hardwarekomponenten vorgenommen, um die asynchrone Ausführung der Betriebssysteme zu ermöglichen. Die wichtigsten Komponenten sind die verschiedenen Ebenen der Memory Management Unit (MMU) und deren Translation Lookaside Buffer (TLB), mit welchen die Aufteilung des Speichers, aber auch der Zugriff auf andere Ressourcen geregelt wird. Als Ressourcen gelten alle Arten von Modulen, Geräten oder Speicher, die ein Applikationsprozessor verwenden kann. Beispiele hierfür sind ein Grafik- oder Netzwerkkontroller.

Die hier beschriebene OS Komposition macht es auf manchen Hardware Architekturen notwendig, gewisse Zugriffe auf Hardwarekonfigurationen abzufangen. Dies trifft gerade auf Systeme zu, die als Symmetric Multiprocessing Systems (SMP) ausgelegt sind. In diesem Fall werden sogenannte Software-*Traps* implementiert. Die Behandlung dieser *Traps* wird jeweils auf der APU ausgeführt, die der Auslöser war. So entsteht ein dezentralisierter Ansatz eines Hypervisors.

Die enge Kopplung des Systems entsteht durch die Art der Zusammenführung von Daten der einzelnen Betriebssysteme. Zum Beispiel können Grafikausgaben jeder Domäne in einen gemeinsamen Speicher (Shared-Memory (SHM)) gerendert, um von dort aus durch eine dedizierte Grafik-Kompositor-OS-Domäne weiter verarbeitet zu werden. Dieser Kompositor verteilt die Bilder in geeigneter Weise auf den Bildschirmen (vgl. [10]). Diese Art der Kommunikation unterscheidet sich von lose gekoppelten, verteilten Systemen durch das Wegfallen von

Schnittstellen und Protokollen, wie sie zum Beispiel bei einer Netzwerk- bzw. Socket Kommunikation eingesetzt werden. Dieser Kompositions-Ansatz wurde bislang implementiert, ohne Sicherheitsaspekte in die Gestaltung der Kommunikation einzubeziehen. Es wurde die Annahme getroffen, dass ein unidirektionaler Austausch von gerenderten Grafikausgaben keinen Schaden anrichten können, auch wenn daraus fehlerhafte Ausgaben resultieren.

3   Analyse der umgebungsspezifischen Schwachstellen

3.1   Inter-OS Kommunikation

Betrachtet man Kommunikationsszenarien, die über den Einwegaustausch von Grafikdaten hinaus gehen, wird das Erfordernis einer IT-Sicherheits-Infrastruktur, welche den funktionalen Betrieb sichert, klar. Dazu gehören Kommunikations- bzw. Synchronisationsprimitive wie der wechselseitige Ausschluss ($MUTEX$) oder Signale ($SEMAPHORE$). Komplexere Vorgehensweisen zum Austausch von Daten, die darüber hinaus ggf. eine Interpretation von Programmcode von der kooperierenden Domäne erfordern, erhöhen das Risiko einer unerwünschten Beeinträchtigung. Dies gilt insbesondere, wenn man davon ausgeht, dass ein stark angreifbares Betriebssystem daran beteiligt ist. Die Kommunikationsszenarien sehen dabei, unter Verwendung der Synchronisationsprimitive, folgende Relationen zwischen den Domänen vor.

- *1:1* Die Beziehung zwischen den Endknoten ist statisch definiert. Es existiert für eine Primitive, die verwendet werden soll, nur ein möglicher Kommunikationspartner, der diese benutzt. Hier wird eine enge Kopplung zweier Knoten erreicht, da hier die Zuordnung eindeutig ist und keine Funktionalität nötig ist, diese aufzulösen.
- *1:N* In dieser Relation treten pro Primitive eines Endknotens mehrere mögliche Kommunikationspartner auf. Diese Beziehung kann als dynamisch bezeichnet werden, da zur Zeit der Definition nicht statisch festgelegt ist, welcher Endknoten auf die Primitive zugreift.

Bislang wurde ganz allgemein von Kommunikationsendpunkten ausgegangen. Nun soll weitergehend betrachtet werden, wie sich diese Kommunikationsendpunkte im Referenz-System ausprägen. Solch eine Differenzierung ist sinnvoll, da später etwaige Absicherungslösungen auch unterschiedliche Anforderungen an das Gesamtsystem stellen. Bei der späteren Anwendung der Schutzziele kann somit schon zur Designzeit entschieden werden, welche Schutzkomponenten nötig bzw. überflüssig sind. Deshalb werden die Kommunikationseinheiten entweder grob in OS-Domänen oder in deren enthaltene Applikationen unterteilt, was eine fein granulare Bestimmung von Kommunikationspunkten ermöglicht. In der Praxis können dies einzelne Prozesse oder Applikationen sein. Diese Einteilung erweitert das o.g. Relationen-Modell. Formal beschrieben sei ein Zugriff auf eine Primitive durch ein Tupel bestehend aus einem Identifikator (ID) der OS-Domäne und der Applikation beschrieben. Möchte also eine Applikation APP_1

aus der Domäne MOBILE_OS über eine Primitive $MUTEX_1$ mit dem GPOS kommunizieren, lässt sich dies wie folgt darstellen.

$$\{APP_1; MOBILE\_OS\} \xrightarrow{MUTEX_1} \{GPOS\} \tag{1}$$

3.2 ICM-Multi-OS Systemkonfiguration

Die Betrachtung der Kommunikationsszenarien und deren Absicherung nimmt einen besonderen Stellenwert ein, denn hier werden zuvor gezogene Grenzen überschritten. Aber auch die sicherheitsrelevante Zusammensetzung der Konfiguration dieser Grenzen ist von substantieller Bedeutung. Denn etwaige Angriffe auf die Kommunikation verschiedener Endknoten kann durch deren Kompromittierung auch Folgen für die Konfiguration haben. Deswegen wird hier insbesondere auf die Privilegien der einzelnen Systemkomponenten eingegangen. Die Grundlage bildet hier ein Sicherheitsebenen-Konzept. Das bedeutet, es gibt verschiedene privilegierte Ebenen, in der bestimmte Teile des Multi-OS ausgeführt werden. Hier werden drei Ebenen unterschieden. In Ebene 1, welche die meisten Privilegien besitzt, wird das System gestartet und konfiguriert. Innerhalb dieser Ebene besteht voller Zugriff auf alle im System vorhanden Ressourcen. In Ebene 2 werden die OS-Domänen ausgeführt. Diese Ebene ermöglicht es, alle Hardwareressourcen zu konfigurieren, die zuvor von Ebene 1 zugewiesen wurden. In der am wenigsten privilegierten Ebene 3 werden die Applikationen ausgeführt. Je nach OS können die Grenzen zwischen Ebene 2 und 3 etwas verschwimmen. Wichtig ist, dass die Komponenten für die Konfiguration der Systemkomposition nur von Ebene 1 vorgenommen werden kann.

Generell wird bei der Verfolgung eines AMP-ähnlichen Ansatzes versucht, Berührungspunkte zwischen den OS-Domänen zu vermeiden bzw. zu eliminieren. Das heißt, es existiert keine Softwareschicht, die etwaige Ressourcenzugriffe für mehrere OS-Domänen gleichzeitig verwaltet. Die Systeme sind also vertikal voneinander getrennt. Auch existiert keine Schnittstelle zwischen dem Management Ebene 1 und den OS-Domänen Ebene 2. Es können also keine Konfigurationsaufgaben gezielt angefordert werden, was sich vom Verhältnis zwischen Ebene 2 und Applikationsebene 3 unterscheidet. Hier abstrahiert das Betriebssystem alle Ressourcen bzw. Hardwarezugriffe und bietet Schnittstellen an, um diese zu verwenden.

Wird davon ausgegangen, dass aus technischer Sicht der Zugriff auf Konfigurationsregister der Hardware durch Speicher-Verknüpfungen realisiert wird, kann die Durchsetzung der Sicherheitsebenen durch die Partitionierung des Speichers erreicht werden. Das bedeutet eine in Hardware realisierte MMU übernimmt hier die Einteilung. Zugriffe einer APU auf eine gewünschte Ressource werden nur möglich, wenn diese vorher entsprechend in einer Translationstabelle eingetragen wurden. Jedoch sind nicht auf allen Hardwarearchitekturen sämtliche an den Speicher angeschlossenen Module durch eine Zentrale MMU verwaltet. Derartige Module, wie zum Beispiel ein DMA-Baustein (Direct Memory Access), Co-Prozessoren oder Grafikkarten, könnten dann ggf. frei auf den Hauptspeicher zugreifen, ohne dabei Restriktionen zu erfahren.

3.3   Angriffsvektoren

Dieser Abschnitt soll mögliche Angriffsvektoren in der anvisierten Umgebung darstellen. Generell handelt es sich bei dieser Betrachtung um die Identifikation von Angriffsszenarien, deren Ziel die Kompromittierung der Systemkonfiguration oder die Kommunikation ist. Im Allgemeinen wird sich hier auf klassische IT-Sicherheitsschutzziele bezogen werden. Diese seien die Authentizität, Integrität, Erreichbarkeit und Vertraulichkeit.

- **Denial-of-Service(*DoS*):** Ein Angriffsszenario, welches zum Ziel hat, einen Kommunikationsknoten in seiner Funktion zu beeinträchtigen, indem er gezielt überfordert wird. Dies soll vor allem die Erreichbarkeit in Mitleidenschaft ziehen. Im ICM-Multi-OS ist dies möglich, indem zum Beispiel Signale bzw. Semaphoren so oft ausgelöst werden, dass der Empfänger diese in einem gegebenen Zeitfenster nicht mehr verarbeiten bzw. keine anderen Funktionen mehr ausführen kann.

- **Ausspähen von Daten:** Auslesen von Informationen, die für einen anderen Endknoten bestimmt waren und deshalb geheim sind. Dieser Angriff bezieht sich vordergründig auf die Vertraulichkeit von Informationen. Die Informationen im Referenzsystem werden über einen gemeinsam genutzten Speicher ausgetauscht. Potentiell könnten hier Kommunikationsknoten unerwünscht Informationen mitlesen. Auch aus Datenschutz getriebenen Gesichtspunkten ist es unter Umständen von Bedeutung, dass stark internetgekoppelte Anwendungen keinen Zugriff auf personen- oder fahrzeugbezogene Daten erhalten.

- **Manipulation von Daten während der Übertragung:** Gezieltes Fälschen bzw. Ändern von Informationen, um das Angriffsziel zu beeinträchtigen. Hier wird versucht, die Integrität von Daten zu beeinflussen bzw. zu brechen. Daten im gemeinsam genutzten Speicher werden so manipuliert, dass der Empfänger in seiner Funktion gestört oder zu falschen Annahmen gebracht wird. Dies beinhaltet sogenannte Identitätsfälschungen (*Spoofing*) oder das Einschleusen von Daten (*Request Forgery*). In diesem Fall könnte der Angreifer veränderte Grafik-, Positions- oder andere Steuerdaten erzeugen, um die angegriffene OS-Domäne bzw. den Fahrer zu ungewollten Verhalten zu bringen.

- **Unerlaubte Zugriffe:** Erlangen eines Zugriffs auf Ressourcen, aber auch Informationen, wofür keine Berechtigung besteht. Es findet eine Rechteausweitung (*Privilege-Escalation*) statt. Hier wird versucht, die Authentizität zu umgehen, um Privilegien zu erlangen, die normalerweise nicht für den Angreifer vorgesehen waren. Eine Rechteausweitung kann horizontal oder vertikal geschehen. Unter der horizontalen Ausweitung versteht man die Übernahme von Privilegien eines Partners, der sich in der selben Berechtigungsebene befindet. Im Referenzsystem wäre das eine andere OS-Domäne. Bei einer vertikalen Ausweitung würde versucht werden, in eine nächst höhere Ebene zu gelangen.

Von Bedeutung ist auch eine Definition des wahrscheinlichen Angreifers und des potentiellen Angegriffsziels. Hierzu werden die zuvor in Abschnitt 3.1 definierten Kommunikations-Relationen innerhalb der Multi-OS-Komposition herangezogen. Dort wurde zwischen einer OS-Domäne und einer Applikation innerhalb dieser Domäne als Kommunikationsendknoten unterschieden. Die Betrachtung der Angriffsvektoren geht davon aus, dass jeder mögliche Tupel bestehend aus der ID von Domäne und Applikation potenziell angegriffen und kompromittiert werden kann. Weitere Knotenpunkte können dann über entsprechende Relationen, die der neu befallene Endpunkt zu anderen Kommunikationspunkten besitzt, unter Kontrolle gebracht werden.

Aus praktischer Sicht ergibt sich zusätzlich noch eine Besonderheit, die aus der Auswahl der Betriebssysteme resultiert. Ein *mobileOS* zeichnet sich vor allem durch seine hohe Konnektivität mit dem Internet aus. Als Kontrast dazu hat das *RTOS* keine Verbindung nach Außen. Anders als bei traditionellen *ICM*-Systemen bietet sich durch die Angriffsfläche der Internetkonnektivität eine neue Bedrohungslage. Es kann hier jederzeit zu einer Kompromittierung und somit einer Veränderung des Sicherheits-Zustandes kommen. Denn die Gefahr ist hier das gezielte Ausnutzen von Schwachstellen des mobilen Betriebssystems, was einem Angreifer ermöglicht, durch *Root-Exploits* die Kontrolle über die gesamte Domäne zu übernehmen. Durch die daraus resultierende Ausweitung der Rechte könnte er in der Folge auch Zugriff auf sensible Informationen erhalten.

Eine Ausweitung der Berechtigungen wie durch die schon genannten *Root-Exploits* sind bei Angriffen auf die vertikale Trennung des Systems etwas anders zu sehen. Denn solange auf eine Softwareschicht verzichtet wird, die höher privilegiert ist als die der OS-Domänen, bietet sich keine Möglichkeit einer vertikalen Rechteausweitung (zwischen Ebene 1 und 2). Das bedeutet diese Betrachtung bezieht sich auf horizontalen Rechteausweitungen, die auf Basis gemeinsam genutzter Ressourcen eingebracht werden könnten.

4 Funktionale Erweiterung des Multi-OS Umgebung

Nachdem potentielle Bedrohungen für das Referenzsystem diskutiert wurden, werden hier Erweiterungen aufgeführt, die helfen, das System abzusichern. Es geht vordergründig darum, Schutzmechanismen oder Verfahren zu beschreiben, die in anderen Bereichen bereits Verwendung finden, aber für die ICM-Multi-OS Umgebung angepasst werden müssen.

4.1 Sichere Kommunikationskanäle

Eine der grundlegendsten Erweiterungen ist die Etablierung von sicheren Kommunikationskanälen zwischen den OS-Domänen. Diese sicheren Kanäle sollen zunächst einen Schutz gegen unerlaubten Zugriff bieten. Hierzu können die gleichen Mechanismen herangezogen werden, die schon für die Abgrenzung der OS-Domänen verwendet werden, nämlich die statische Partitionierung durch die

MMU. Zwischen den Domänen werden jeweils paarweise statische Speicherbereiche definiert. Diese gemeinsamen Bereiche bilden dann den sicheren Kanal für eine *1:1*-Relation. Generell könnten so auch 1:N-Relationen abgebildet werden, indem alle Relationen in *1:1*-Verbindungen aufgelöst werden. Der Vorteil ist hier, dass keine weiteren Mechanismen innerhalb des sicheren Kanals notwendig sind, um die Relationen zu arbitrieren. Im Vergleich dazu ist der statische Konfigurationsaufwand dafür etwas höher, da mehr Einträge in der Translationstabelle berücksichtigt werden müssen. Innerhalb der Kommunikationskanäle können nun Strukturen bzw. Primitive abgelegt werden, die der Synchronisation dienen.

Die hier eingeführten statischen (*1:1*) Kommunikationskanäle zwischen den OS-Domänen vereinfachen auf dieser Ebene zunächst weitere IT-Sicherheitsschutzziele, wie der Authentizität gegenüber der OS-Domäne. Denn für jeden Kanal ist definiert, wer die jeweiligen Kommunikationspartner sind. Tauscht also ein *RTOS* Daten mit dem *mobileOS* ist zunächst klar, wer der Partner ist und wie viel Vertrauen in die empfangenen Daten gesteckt werden kann. Die in Abschnitt 3.1 eingeführten Kommunikations-Tupel sehen aber auch vor, dass sich Prozesse oder Applikationen innerhalb einer OS-Domäne mit Anderen verbinden können. Hierzu werden Protokolle benötigt, die eine horizontale Rechteausweitung verhindern.

4.2 Sichere und Vertrauenswürdige Verbindungen

Der nächste Schritt zur Absicherung der Kommunikation, ist die Etablierung einer sicheren und vertrauenswürdigen Verbindung innerhalb des Kommunikationskanals. Vertrauensvolle Instanzen spielen in der Systemarchitektur eine zentrale Rolle. Das System, welches sich aus vielen Komponenten wie z.B. Kernel-Images zusammensetzt, muss sich auf eine gewisse Weise verifizieren lassen. Es muss attestiert werden können, ob ein bestimmter und damit ein designierter Zustand erreicht wurde. Die Vergleichsreferenzen dazu müssen disjunkt von anderen Informationen gespeichert werden, so dass nur eine vertraute Instanz darauf zugreifen und damit prüfen kann. Trusted Platform Module (*TPM*) übernehmen während der Systemstart-Phase die Verifikation der Betriebssystem-Images. Nach attestiertem Start des Systems müssen zur Laufzeit die bereits angesprochenen, horizontalen Rechteerweiterungen verhindert werden. Das heißt Zustandsänderungen am Kommunikationsknoten, die aus Kompromittierungen vorangegangener Angriffen heraus entstanden sind, sollen erkannt werden. Zum Beispiel könnte die Applikation APP_1 aus dem *MOBILE_OS* mit dem *RTOS* eine Verbindung aufbauen. Dazu wird sichergestellt, dass *APP_1* nicht kompromittiert wurde. Um dies umzusetzen existieren symmetrische- und asymmetrische Signatur-Prüfverfahren wie *HMAC* (Hash-based Message Authentication Code[2]) oder *RSA* (vgl. [9]). Um festzustellen, ob sich der Kommunikationspartner noch in einem integeren Zustand befindet, könnte die Code-Basis der

---

[2] https://tools.ietf.org/html/rfc2104

Applikation APP_1 als Prüfparameter herangezogen werden. Dies kann auf Basis eines $HMAC$ realisiert und der gehashte binäre Code der Anwendung als Key-Systemparameter in die $HMAC$-Berechnung mit aufgenommen werden. Im Gegensatz zu dem vorangegangenen Verfahren ist auch der Einsatz von RSA als Vertreter der asymmetrischen Verfahren denkbar. Für beide Verfahren ergeben sich jedoch Anforderungen an die Systemarchitektur, welche im nächsten Kapitel beschrieben werden. Darüber hinaus kann hiermit auch ein sicherer Kanal realisiert werden, auf den mehr als zwei OS-Domänen Zugriff haben (1:N Relationen). Durch die Verwendung von RSA können durch dessen Verschlüsselungsmethoden gleichzeitig das Problem der Geheimhaltung bzw. Vertraulichkeit von Informationen gelöst werden.

Über die hier vorgestellten Verfahren hinaus würde auch die Verwendung von kryptographischen Verfahren in Frage kommen, welche ohne vertrauenswürdigen Dritten (Trusted Third Party (TTP)) auskommen. Ein von der TCG (Trusted Computing Group) vorgestellte Methode zur direkten anonymen Attestierung (Direct Anonymous Attestation (DAA)) könnte weniger Erfordernisse an architekturelle Änderungen stellen. Die Idee dabei basiert auf *Zero-Knowledge*-Protokollen, mit denen es möglich ist, Wissen über ein Geheimnis (zum Beispiel eines privaten Schlüssels) zu attestieren bzw. zu verifizieren, ohne dass dieses Wissen offen gelegt werden muss. Dies würde bedeuten, dass die Infrastruktur zum Austausch von Hash-Werten bei der Kommunikation wegfallen würde. Ein weiteres Verfahren, welches die *Zero-Knowledge*-Eigenschaft aufgreift, ist *Multi-Party-Computation*. Hier ist es möglich, gemeinsam an einem Problem zu arbeiten, ohne dass der Partnerknoten Rückschlüsse über privates Wissen der anderen Knoten machen kann. Des weiteren werden die Systemparameter so erstellt, dass bei einer Manipulation eine Teilnahme am Verfahren nicht mehr möglich ist. Dieser Umstand ließe sich für den Zweck der Integritätsprüfung verwenden, ohne auf einen TTP zurückgreifen zu müssen.

Erweiterungen an der Systemarchitektur Diese vorgestellten Verfahren stellen auch Anforderungen an die funktionale Infrastruktur des Gesamtsystems. So müssen zur Identifizierung Zertifikate gespeichert, gemeinsame bzw. private Schlüssel verwaltet oder Zufallsgeneratoren zur Verfügung gestellt werden. Deshalb muss die vorgestellte Architektur um diese Funktionalitäten erweitert werden. Grundsätzlich stellen $TPMs$ die o.g. Funktionen zur Verfügung. Aufgrund der im ICM-Multi-OS dezentralen Systemkomposition wäre aber dazu für jede OS-Domäne ein dediziertes TPM notwendig, da grundsätzlich von geteilten Ressourcen ausgegangen wird. Multi-TPMs müssten ggf. in der Hardwarearchitektur berücksichtigt und zur Verfügung gestellt werden. Eine softwaretechnische Implementierung auf Ebene 1 ist ebenfalls denkbar. Dabei würden die $TPMs$ verschiedenen Prozessorkernen zugeordnet und von dort aus ausgeführt.

Ein weiteres Erfordernis stellt die Erweiterung der Konfiguration der einzelnen OS-Domänen dar. Während der Bootphase müssen etwaige Systemparameter (private Schlüssel, Hashes usw.) der kryptographischen Protokolle auf die Domänen verteilt werden. Dies ist Teil der Phase, in der das System einen vertrauenswürdigen Start-Zustand herstellt.

5 Fazit

In dieser Arbeit wird von einer aggregierten Multi-OS-Umgebung ausgegangen. Ziel ist es, diese Umgebung zu analysieren, um deren Besonderheiten und Anforderungen, die aus ihrer Komposition resultieren, zu definieren. Hier steht die Art der Systemkonfiguration und der Kommunikation einzelner Betriebssysteme untereinander im Vordergrund. Anhand der Anforderungen werden IT-Sicherheits-Eigenschaften projiziert, die das System aus technologisch funktionalen Sicherheitsaspekten robust und gegen gezielte Angriffsszenarien absichert. Hier wird deutlich, dass aufgrund der Systemkomposition vor allem horizontale Rechteausweitungen eine Bedrohung darstellen. Die Schwierigkeit bei Einführung von Methoden zur Abwehr der Angriffsszenarien ist aber vor allem die dezentrale bzw. statische Konfiguration des Systems, welches aber durch flache Strukturen eng miteinander gekoppelt wird. Anhand der hier vorgestellten Analyse lassen sich weitergehende Lösungsansätze und Bausteine zur sicheren Kopplung von Multi-Betriebssystemen erarbeiten. Die Ergebnisse sind nicht nur auf automotive Anwendungen beschränkt. Das referenzierte Umfeld eröffnet aber durch sein spezielles Einsatzfeld die oben genannten Fragestellungen.

Literaturverzeichnis

1. Checkoway, St.; McCoy, D.; Kantor, B. et al.: *Comprehensive experimental analyses of automotive attack surfaces*; SEC'11: Proceedings of the 20th USENIX conference on Security; 2011; USENIX Association
2. Whitman, M. E.; Mattord, H. J.: *Principles of information security*; Course Technology; 2011
3. Kinebuchi, Y.; Morita, T.; Makijima, K.; Sugaya, M.; Nakajima, T.: *Constructing a multi-os platform with minimal engineering cost*; 2009; pp. 195–206
4. Winter, Johannes: *Trusted computing building blocks for embedded linux-based ARM trustzone platforms*; STC '08: Proceedings of the 3rd ACM workshop on Scalable trusted computing; 2008
5. Broy, M.: *Automotive software engineering*; Software Engineering, 2003. Proceedings; 2003; pp. 719–720
6. Knirsch, A.; Wietzke, J.; Moore, R.; Dowland, P. S.: *Resource Management for Multicore Aware Software Architectures of In-Car Multimedia Systems*; Informatik schafft Communities; p. 192
7. Koscher, K.; Czeskis, A.; Roesner, F. et al.: *Experimental Security Analysis of a Modern Automobile*; 2010 IEEE Symposium on Security and Privacy; pp. 447–462
8. Kanda, W.; Murata, Y.; Nakajima, T.: *SIGMA System: A Multi-OS Environment for Embedded Systems*; Journal of Signal Processing Systems; 2008; pp. 33–43
9. *A method for obtaining digital signatures and public-key cryptosystems*; Massachusetts Institute of Technology. Laboratory for Computer Science; Rivest, R.; Shamir, A.; Adleman, L.; 1977
10. A. Knirsch; A. Theis; J. Wietzke; R. Moore: *Compositing User Interfaces in Partitioned In-Vehicle Infotainment*; Mensch & Computer Workshopband; Oldenbourg Verlag; 2013 - in Druck

Leistungs- und Präzisionssteigerung des Lastgenerierungsprozesses von UniLoG unter Verwendung echtzeitfördernder Maßnahmen durch das Betriebssystem

Alexander Beifuß

Universität Hamburg, MIN-Fakultät, Fachbereich Informatik
Arbeitsgruppe Telekommunikation und Rechnernetze (TKRN)
`7beifuss@informatik.uni-hamburg.de`

Zusammenfassung. Lastgeneratoren sind Spezialwerkzeuge, welche es erlauben, Dienste gezielt unter Last zu setzen, um so ihr Verhalten unter festgelegten Bedingungen bewerten zu können. Damit Experimentatoren weitestgehend uneingeschränkt experimentieren können ist ein großes Spektrum an Lastspezifikationen wünschenswert, welches der eingesetzte Lastgenerator zuverlässig ausführen können soll. Neben der Semantik der Lastmodelle sind daher sowohl Paketrate als auch die Verfehlzeiten praxisrelevante Kriterien für Lastgeneratoren. Der vorliegende Beitrag widmet sich der Frage, ob das Betriebssystem, auf dem ein Lastgenerator ausgeführt wird, signifikanten Einfluss auf den Lastgenerierungsprozess hat und wenn ja, inwiefern echtzeitfördernde Maßnahmen durch das Betriebssystem Steigerungen in der Leistung und Präzision begünstigen.

1 Einleitung

Die zunehmende Anzahl an verfügbaren Diensten sowie die stetigen Weiterentwicklungen in Nachrichten- und Übertragungstechnik resultiert, über die vergangenen Jahre hinweg, in immer komplexer werdenden Kommunikationssystemen. Um trotz dieser Komplexität einen Dienst mit einer gewünschten Qualität ökonomisch bereitstellen zu können ist es wichtig, sowohl während der Planung als auch in der Entwicklungsphase und über die Einsatzzeit hinweg das Systemverhalten unter bestimmten Voraussetzungen vorherzusagen. So können die benötigten Ressourcen realistisch abgeschätzt und bereitgestellt werden. *Analytische Modelle, Simulation* und *Messung* stellen hier die drei wichtigsten Gruppen von Methoden dar, um dieser Aufgabe nachzukommen. Die beiden erstgenannten Ansätze verlangen häufig ein gewisses Verständnis bezüglich des zu modellierenden Systems (nicht selten auch Expertenwissen) und müssen oftmals vor der Verwendung erst noch erarbeitet oder angepasst werden, da entweder noch überhaupt keine angemessenen Modelle existieren oder die bisherigen Modelle nicht hinreichend realitätsnah sind. Die Konstruktion und Validierung solcher Modelle erfordert je nach zu modellierendem System einen gewissen Aufwand und kann sich zu einer sehr zeitintensiven Arbeit entwickeln. Der Ansatz, das Systemverhalten anhand von *Messungen* zu untersuchen, stellt diesbezüglich eine etwas praktischere Herangehensweise dar. Während eines festgelegten Zeitintervalls wird eine bestimmte Last am System angelegt und die 'interessanten' Messpunkte innerhalb des Systems werden dann beobachtet.

Bei Lastgeneratoren handelt es sich um Werkzeuge, die den Experimentator bei dieser Aufgabe unterstützen. Sie erlauben es, eine Last gemäß der vom Experimentator festgelegten Spezifikation zu erzeugen und somit die Lastsituation zu regulieren und zu reproduzieren. Lastgeneratoren lassen sich grundlegend in zwei Kategorien einordnen. Zum einen gibt es Hardware-basierte Lastgeneratoren, welche sehr hohe Paketraten bei sehr kleinen Verfehlzeiten ermöglichen und zum anderen existieren Software-basierte Lösungen, die oft weniger genau sind, dafür meist mehr Flexibilität und Ausdrucksstärke bezüglich der Lastspezifikation bieten. Während die teuren Hardware-basierten Lastgeneratoren häufig von der Industrie entwickelt und eingesetzt werden, setzt die akademische Gemeinde tendenziell auf kostenschonende und adaptive Software-Varianten [3]. Um nicht den Anschluss an die immer leistungsfähigeren Übertragungstechniken zu verlieren müssen Lastgeneratoren stetig weiterentwickelt werden, denn bezüglich der Praxistauglichkeit sind Leistung und Präzision entscheidende Kriterien im Hinblick auf die Qualität der Ergebnisse von Messstudien.

Aktuelle Arbeiten, die sich mit der (Weiter-)Entwicklung von Software-basierten Lastgeneratoren beschäftigen, beziehen sich meist auf Implementationsdetails und die Architektur der Lastgeneratoren, setzen spezielle Hardware [2] ein oder befassen sich mit einer verteilten Ausführung [1]. Seltener wird jedoch das Betriebssystem betrachtet, auf welchem die Lastgeneratoren schließlich zur Ausführung kommen, obwohl dieses (wie auch die eingesetzte Hardware) einen integralen Bestandteil des „Gesamtsystems Lastgenerator" darstellt. Die Frage, ob das Betriebssystem und seine Konfiguration einen signifikanten Einfluss auf den Lastgenerierungsprozess eines Lastgenerators hat, ist daher das Leitthema der Bachelor-Arbeit, welche diesem Artikel zugrunde liegt.

2   Grundlagen der Lastspezifikation gemäß UniLoG

Last lässt sich allgemein als eine Sequenz von Aufträgen darstellen, welche innerhalb eines Zeitintervalls T, von einer Umgebung E, über eine wohldefinierte Schnittstelle IF, an ein Bediensystem S übergeben wird, d.h. Last = $L(E,S,T,IF) = (\langle A_i,t_i \rangle_i : t_i \in T$ *ist der Ausführungszeitpunkt des Auftrags* A_i, $i \geq 0$). Auf Basis dieser Definition wurde in [7] und [8] eine formale Spezifikationstechnik erarbeitet, bei der das zu modellierende System (Abb. 1 (a)) zuerst in eine lastgenerierende Komponente (die Umgebung E) und ein Bediensystem S zerlegt wird, wobei beide Komponenten durch eine eindeutige Schnittstelle abgetrennt sind (Abb. 1 (b)). Bei der Modellierung der Last wird nun versucht, das Verhalten der relevanten Dienstbenutzer (B_1 bis B_j), welches in der Regel Anwendungen sind, zu virtualisieren. Dazu wird ein Formalismus eingesetzt, welcher auf endlichen Automaten basiert und das Verhalten einer Menge von

Dienstbenutzern (bezüglich der Nutzung der Schnittstelle) nachbildet. Solch ein Automat wird als *„Benutzerverhaltensautomat"* (BVA) bezeichnet.

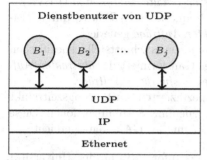 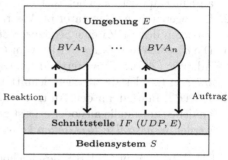

(a) Beispielhafte Darstellung eines zu modellierenden Systems

(b) Darstellung des Systems gemäß der Lastspezifikationstechnik

Abb. 1. Beispiel für die Dekomposition eines Systems und die Virtualisierung der Dienstbenutzer durch BVAs

BVAs kennen vier Typen von Makrozuständen. Neben dem Initialisierungszustand ϕ_i und dem Terminierungszustand ϕ_t gibt es den aktiven Makrozustand ϕ_a, in dem die *abstrakten Aufträge* generiert werden und den blockierten Makrozustand ϕ_b, in dem ggf. Systemreaktionen verarbeitet werden. Sowohl ϕ_a als auch ϕ_b bestehen aus einer Auswahl von Subzuständen, die zusammen mit einer Übergangsfunktion schließlich die Spezifikation der Last erlauben. ϕ_a kennt die Typen (R)equest und (D)elay für Subzustände. Während R-Zustände einen schnittstellenspezifischen Auftrag festlegen (beispielsweise *sendTo* bei UDP), dienen die D-Zustände der Modellierung der Zwischenankunftszeiten (ZAZ) von Aufträgen. ϕ_b kennt neben den D-Zuständen noch S-Zustände. Diese dienen der Modellierung von systemabhängigen Wartezeiten (sofern für das Lastmodell nötig) und reagieren auf bestimmte Ereignisse, wie beispielsweise Fehlernachrichten eines Webservers bei Elaborierung von Lastmodellen für das Web. Die Übergangsfunktion für die Zustandswechsel ist probabilistisch und wird daher mittels Wahrscheinlichkeiten angegeben. Eine ausführliche Beschreibung dieser Modellierungstechnik ist in [6] zu finden.

3   Architektur des UniLoG-Lastgenerators

UniLoG (Unified Load Generator) steht für das Konzept eines Lastgenerators, welcher den gesamten Prozess der Lastgenerierung für verschiedene Schnittstellen in IP-basierten Netzen vereinheitlicht [4]. Dabei wird der Prozess der Lastgenerierung grob durch die folgenden Schritte beschrieben:

1. Das Lastmodell wird unter der im vorherigen Abschnitt vorgestellten Lastspezifikationstechnik entwickelt. Zusätzlich wird der BVA parametrisiert.

Dieses bedeutet, dass die Zustände nun konkrete Parameter erhalten, wie beispielsweise eine Verteilung der Paketlängen in den R- oder die Verteilung der Wartezeiten in den D-Zustand. Der Lastgenerator UniLoG erhält anschließend den parametrisierten *Benutzerverhaltensautomaten* (PBVA).

2. Im sogenannten „Generator of Abstract Requests" (*GAR*) wird durch Traversieren des *PBVA* eine Sequenz *abstrakter Aufträge* generiert.
3. Die *abstrakten Aufträge* werden vom *GAR* an einen schnittstellenspezifischen Adapter (*ADAPT*) weitergereicht. Dieser transformiert die *abstrakten Aufträge* in (an der spezifischen Schnittstelle) *ausführbare Aufträge*.
4. *ADAPT* führt dann den Auftrag zum spezifizierten Ausführungszeitpunkt an der Schnittstelle aus oder erfasst gegebenenfalls Systemreaktionen. Diese werden in *abstrakte Reaktionen* konvertiert und an *GAR* weitergereicht.

Die Arbeitsgruppe TKRN des Fachbereichs Informatik an der Universität Hamburg verfügt über eine in C/C++ entwickelte Realisierung von *UniLoG*. Diese verwendet kein Multithreading, da häufige Kontextwechsel bei Maschinen mit zwei oder weniger Kernen unvermeidbar wären und daher die Performanz bei Ausführung der Komponenten *GAR* und *ADAPT* negativ beeinträchtigen würden. Anhand einer Entscheidungstabelle, interner Zustände und einer statistischen Auswertung der Komponentenlaufzeiten von *GAR* und *ADAPT* regelt stattdessen ein *kooperativ* arbeitender interner Scheduler *SCHED* die Ausführung der Komponenten. Unter der Annahme, dass *UniLoG* permanent mit Rechenzeit versorgt ist, serialisiert *SCHED* die Ausführung von *GAR* und *ADAPT* bestmöglich hinsichtlich der Echtzeitanforderung bei der Auftragsausführung (gemäß Spezifikation). Eine für diese Arbeit ausreichende schematische Darstellung der Architektur von *UniLoG* ist in Abb. 2 illustriert.

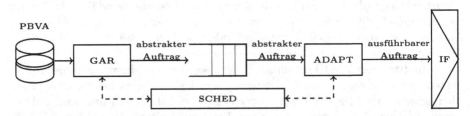

Abb. 2. Stark vereinfachte Darstellung der Architektur von *UniLoG*. Netzreaktionen wurden hier vernachlässigt.

4   Echtzeitanforderungen bei der Lastgenerierung

Die Echtzeitanforderung bei der Lastgenerierung besteht darin, eine Sequenz von Aufträgen gemäß Spezifikation auszuführen. In der Realität kann der tatsächliche Ausführungszeitpunkt τ_i jedoch von den spezifizierten t_i abweichen. Die absolute Differenz zwischen zwei aufeinanderfolgenden spezifizierten Ausführungzeiten t_{i-1} und t_i wird als Zwischenankunftszeit ($ZAZ_i := \Delta(t_{i-1}, t_i)$) bezeichnet. Die

Differenz zwischen spezifiziertem Ausführungszeitpunkt t_i und realem τ_i wird hingegen als Verfehlzeit ($VZ_i := \Delta(t_i, \tau_i)$) bezeichnet. Diese Sachverhalte sind in Abb. 3 grafisch dargestellt.

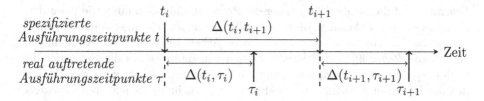

Abb. 3. Grafische Darstellung von Zwischenankunftszeiten oberhalb und Verfehlzeiten unterhalb der Zeitachse, $\Delta(a, b) := b - a$

Da der Experimentator bei der Lastspezifikation die ZAZs frei wählen kann (also auch gleich null), die Vorbereitung und Ausführung der Aufträge jedoch eine gewisse Zeit benötigt, gilt hier, dass höchstens *weiche Echtzeitanforderungen* an den Lastgenerator gestellt werden können. Obwohl die Konvertierung und Ausführung *realer Aufträge* durch *ADAPT* immer priorisiert wird, erlaubt *UniLoG's* interner Scheduler die vorrätige Produktion *abstrakter Aufträge*, solange die mehrfache Hintereinanderausführung von *GAR* nicht die anstehende Auftragsausführung gefährdet. Dies bedeutet, dass es kurzfristig möglich ist, Aufträge mit einer ZAZ auszuführen, welche annähernd der für *ADAPT* benötigten Laufzeit T_A entsprechen. T_G bezeichne die Laufzeit von *GAR*, T_G und T_A werden als konstant angenommen und die Laufzeit von *SCHED* sei als vernachlässigbar klein anzusehen. Wenn für eine Sequenz von Aufträgen nun gilt $T_G + T_A \lessgtr ZAZ \lessgtr 2(T_G + T_A)$, dann resultiert dieses theoretisch darin, dass *GAR* und *ADAPT* immer alternierend zur Ausführung kämen. Unter der Voraussetzung, dass *UniLoG* niemals unterbrochen wird, würde $T_G + T_A$ eine untere Schranke darstellen, bis zu der die minimale VZs ($VZ \to 0\mu s$) gewährleistet werden könnten. Im Falle von Unterbrechungen sind hingegen keine Garantien möglich, da über die Aussetzungsdauer in der Regel keine allgemeine Aussage getroffen werden kann. Ein weiterer negativer Seiteneffekt bei dem Entzug der Rechenzeit sind potentiell *Cache-Misses*, da relevante Daten von anderen Prozessen aus dem Cache verdrängt werden können und beim Reaktivieren des Lastgenerator-Prozesses erst wieder aus langsamen Speicherbereichen geladen werden müssen.

Nun ist es so, dass typische Desktop-Betriebssysteme wie beispielsweise Microsoft Windows darauf ausgelegt sind, mehrere Prozesse nebenläufig zu bearbeiten. Um dem Anwender das Gefühl zu vermitteln, dass die Prozesse „gleichzeitig" laufen, bekommen die einzelnen Prozesse abwechselnd kleine Zeitschlitze an Rechenzeit zugewiesen. Dieses wird durch einen *Scheduler* realisiert, der den laufenden Prozess nach einer gewissen Zeitspanne unterbricht und dem nächsten rechenbereiten Prozess einen Zeitschlitz bereitstellt. Diese Vorgehensweise eignet sich besonders für Desktop-Betriebssysteme, da sie verhindert, dass fehlerhafte oder schadhafte Prozesse einen oder mehrere Kerne langfristig blockieren. Bei Echtzeitbetriebssystemen werden in der Regel andere Verfahren eingesetzt. Hierzu gehört *kooperatives Scheduling*, bei dem die Prozesse nicht unterbrochen werden, sondern von selbst die Kontrolle an den *Scheduler* zurückgeben. Aber auch *Ereignis-basiertes Scheduling* ist eine geeignete Technik, bei der ausgezeichnete Ereignisse eine Unterbrechung auslösen. Eine weitere wichtige Eigenschaft des *Schedulers* ist die Strategie, nach der die Prozesse schließlich ausgewählt werden. Hier gibt es diverse Ansätze, die von Zufall, über Warteschlangen und Prioritäten bis hin zu Zeitschranken reichen. Für diese Arbeit ist jedoch eine Kombination von *Round Robin* [9] und Prioritätsklassen von Interesse, da die *Scheduler* der beiden verwendeten Betriebssysteme darauf beruhen. Dabei wird der Prozess mit der höchsten Priorität ausgewählt. Gibt es mehrere rechenbereite Prozesse mit der selben Priorität, so wird gemäß *Round Robin* vorgegangen.

Wie bereits angedeutet ist die beste Ausführungsumgebung für *UniLoG* eine, in der der Lastgenerator unter keinen Umständen unterbrochen wird, da dann eine untere Schranke für präzise erfüllbare *ZAZ*s angegeben werden kann. Ob Desktop-Betriebssysteme geeignete Umgebungen für *UniLoG* sind und ob Echtzeitbetriebssysteme tatsächlich eine signifikante Leistungssteigerung bringen soll eine Fallstudie klären, welche im nächsten Abschnitt beschrieben wird. Eingesetzt werden die folgenden zwei Betriebssysteme:

1. Microsoft Windows 7 ist ein proprietäres Betriebssystem, welches für den Desktop-Einsatz entwickelt wurde. Der *Scheduler* arbeitet unterbrechend, kennt fünf nutzbare Prioritätsklassen und entscheidet innerhalb der Klassen gemäß *Round Robin*. Niederpriore Prozesse können direkt im Zeitschlitz durch rechenbereite hochpriore Prozesse unterbrochen werden. Die Prioritätsklassen der aktiven Prozesse lassen sich vom Benutzer einstellen und es kann ebenfalls festgelegt werden, welcher Prozess auf welchem/welchen Kern(en) laufen soll (hierzu werden, wie auch für die höchste Prioritätsklasse, Administrator-Rechte benötigt).

2. On Time RTOS-32 [10] ist ein proprietäres Echtzeit-Betriebssystem, welches auf dem Windows Kernel basiert. Der *Scheduler* arbeitet Ereignis-basiert, kann aber sowohl *unterbrechend* als auch *kooperativ* fungieren (dieses lässt sich zur Laufzeit aus dem Prozess festlegen). Er kennt 64 Prioritätsklassen und verwendet ebenfalls *Round Robin* bei Prozessen gleicher Priorität. Ein Vorteil gegenüber Windows besteht darin, dass keine nebenläufigen Prozesse existieren und so schon sichergestellt ist, dass *UniLoG* unterbechungsfrei ausgeführt werden kann. Bei der Portierung des Lastgenerators half, dass RTOS-32 ca. 400 Win32 API-Funktionen bereitstellt, über einen WinSock 1.1 API kompatiblen TCP/IP-Stack verfügt und Treiber für die gängigen Netzwerkadapter liefert.

5   Beschreibung der Messungen

Zur Bewertung der Leistung und Präsizion kam *UniLoG* auf den Betriebssystemen Microsoft Windows 7 SP1 (WIN7) und On Time RTOS-32 (RTOS) zum Einsatz. Betrachtet wurde die Schnittstelle zu UDP. Referenzsystem: 4x2,6 GHz i5-750, 4 GB RAM und Intel 82578DM Gbit-Eth.-Adapter. Unter Windows wurden zwei Konfigurationen in Betracht gezogen: c_1: Standardinstallation, ohne jegliche echtzeitfördernden Maßnahmen; c_2: Standardinstallation, *UniLoG* erhält zweithöchste Prioritätsklasse, *UniLoG* wird einem festen Kern zugewiesen (alle anderen Prozesse werden auf die übrigen Kerne verteilt – sofern möglich), nebenläufige Dienste und Prozesse werden nach bestem Ermessen abgeschaltet.

Leistungsmessung: Die Leistungsfähigkeit eines Lastgenerators wird typischerweise über die maximale Paketrate angegeben. Um diese zu ermitteln, wird ein sehr einfacher BVA mit Initialisierungszustand I eingesetzt (siehe Abb. 4). Dieser kommt mit einer Parametrisierung zur Ausführung, bei der die in dem R-Zustand spezifizierte Nutzlast (UDP) konstant gehalten wird. Die Verzögerung durch den D-Zustand wird infinitesimal klein gewählt. Für jede der drei Betriebssystem-Konfigurationen wurde eine Messreihe durchgeführt, innerhalb derer die Leistung für Nutzlasten von 50 bis 1450 *Byte* (in 50 *Byte* Schritten), sowie 18 und 1472 *Byte* ermittelt wurde. Hierzu kam jede Lastspezifikation 20 Sekunden zur Ausführung und wurde 10 mal wiederholt. Unter der Annahme, dass die maximale Paketrate bei konstanter Paketlänge l annähernd normal verteilt ist, kann ein Schätzer μ_{pr} für die echte Paketrate angegeben werden. Dieser wird gemäß dem arithmetischen Mittel der Anzahl $n_{i,l}$, der im i-ten Experiment gesendeten Pakete (mit Länge l) pro Länge t des Zeitintervalls, berechnet. Für $t = 20$ und 10 Wiederholungen ($1 \leq i \leq 10$) ergibt sich:

$$\mu_{pr}(l) = \frac{1}{10} \sum_{i=1}^{10} \frac{n_{i,l}}{20} \quad .$$

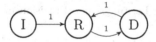

Abb. 4. BVA für ein Lastmodell mit konstanten Zwischenankunftszeiten

Präzisionsmessung: Die Präzision des Lastgenerators wird anhand der *VZ*s bestimmt. Der *BVA* bleibt der selbe, allerdings werden nun zwei ausgezeichnete Nutzlasten gewählt (18 Byte und jene, bei der der Lastgenerator unter der jeweiligen Konfiguration seine Leistungsgrenze erreicht. RTOS 1472 Byte; WIN7 c_1 900 Byte). WIN7 c_1 wurde nicht mehr betrachtet, da die Auswertung der Leistung zu dem damaligen Zeitpunkt schon zeigte, dass die Ergebnisse keinen Mehrwert darstellen würden. Je Konfiguration und Nutzlast wurde eine Messreihe mit verschiedenen *ZAZ*s (dieses Mal nicht infinitesimal klein) durchgeführt. Die *ZAZ* wurde in jedem Durchlauf konstant gehalten und für jede *ZAZ* gab es zehn Wiederholungen der Messung. Die Dauer jeder Messung betrug 20 Sekunden. Ein Schätzer der Verfehlzeit μ_{vz} in Abhängigkeit der Paketlänge kann über das arithmetische Mittel der mittleren Verfehlzeiten angegeben werden. $\mu_{vz}(l) = \frac{1}{10} \sum_{j=1}^{10} \frac{1}{n} \sum_{i=1}^{n} \mid t_{i,j,l} - \tau_{i,j,l} \mid$, wobei n die Anzahl der versendeten Pakete in der j-ten Wiederholung ist.

6   Auswertung der Messergebnisse

Für die im vorherigen Abschnitt beschriebenen Messungen wurde ein verteiltes System zur automatisierten Durchführung und Auswertung der Experimente entwickelt. Eine Auswahl von interessanten Ergebnissen ist in Abb. 5 zu sehen.

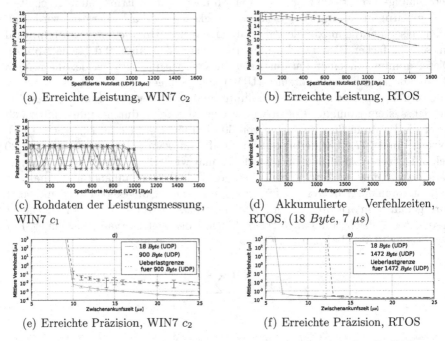

(a) Erreichte Leistung, WIN7 c_2

(b) Erreichte Leistung, RTOS

(c) Rohdaten der Leistungsmessung, WIN7 c_1

(d) Akkumulierte Verfehlzeiten, RTOS, (18 *Byte*, 7 μs)

(e) Erreichte Präzision, WIN7 c_2

(f) Erreichte Präzision, RTOS

Abb. 5. Ergebnisse der Leistungs- und Präzisionsmessungen für *UniLoG*.

In Abb. 5 (c) sind die Rohdaten der Leistungsmessung für WIN7 c_1 dargestellt. Diese zeigen deutlich, dass Windows 7 mit der Konfiguration c_1 keine geeignete Ausführungsumgebung für den *UniLoG* Lastgenerator darstellt, falls dieser stabile Paketraten oberhalb von 40.000 Paketen pro Sekunde generieren soll. Anders sieht dies bei der Konfiguration c_2 aus. In Abb. 5 (a) ist zu erkennen, dass bis zu einer Nutzlast (UDP) von ca. 900 Byte eine Paketrate von ca. 120.000 Paketen pro Sekunde erreicht wird und die erzielte Leistung dabei nur sehr geringen Schwankungen unterworfen ist. Auffällig ist, dass unter Windows ein abrupter Einbruch der Paketrate bei größeren Paketlängen eintritt. Dieses Phänomen ließ sich mit anderen Lastgeneratoren reproduzieren und konnte kürzlich auf die Kombination von blockierenden Sockets und zu kleinen Sendepuffern zurückgeführt werden. Der Vergleich der Leistung zwischen WIN7 c_2 und RTOS ergibt, dass der Einsatz von RTOS zu einer Leistungssteigerung von ca. 33% führt. Unter RTOS verhält sich die Paketrate wie erwartet und nimmt gemäß der Netzwerkauslastung ab. Bezüglich der Präzision kann festgestellt werden, dass WIN7 c_2 UDP-Pakete mit einer Nutzlast zwischen 18 und 900 Byte bei einer $ZAZ \geq 10\mu s$ mit einer mittleren $VZ \leq 1\mu s$ ermöglicht (Abb. 5 (e)). Im

Vergleich dazu ist bei RTOS bemerkenswert, dass UDP-Pakete mit einer Nutzlast von 18 Byte sehr viel geringere VZ für ZAZ bis $7\mu s$ erreichen (Abb. 5 (e)). Auch sind die VZs bei großer Nutzlast im Mittel um mehrere Größenordnungen kleiner als bei WIN7 c_2. In Abb. 5 (d) sind die akkumulierten VZ in Abhängigkeit der Auftragsnummer beispielhaft für eine Messung mit RTOS dargestellt. Die spezifizierte ZAZ betrug $7\mu s$ und die Nutzlast 18 Byte. Es wurde erwartet, dass entweder keiner oder alle Aufträge korrekt ausgeführt werden. Stattdessen treten vereinzelt Spitzen von ca. $5,5\mu s$ auf, welche sofort wieder abgebaut werden. Hierbei handelt es sich um einmalig verpasste Aufträge, die aus von $SCHED$ getroffenen Fehlentscheidungen folgen. Mit Kenntnis der genauen Strategie, nach der $SCHED$ arbeitet, kann darauf geschlossen werden, dass diese $5,5\mu s$ der von GAR benötigten Laufzeit T_G entsprechen müssen. Die Annahme, dass $SCHED$ immer 'richtig' entscheidet, ist also nicht korrekt. Für die Genauigkeit bei Unterbrechungsfreiheit folgt: $ZAZ \geq T_G + T_A \Rightarrow VZ \lessgtr T_G$, wobei die VZ in der Regel viel kleiner als T_G sind.

7 Fazit und Ausblick

Es konnte festgestellt werden, dass der $UniLoG$-Lastgenerator einen Leistungsschub von ca. 33% erfährt, sofern dieser unter RTOS-32 und nicht unter Windows 7 zur Ausführung kommt. Weiterhin wurde gezeigt, dass Windows 7 keine geeignete Umgebung für einen Lastgenerator ist, welcher Pakete mit sehr hohen Raten generieren soll, sofern nicht echtzeitfördernde Maßnahmen getroffen werden. Werden solche Maßnahmen jedoch ergriffen, erreicht $UniLoG$ auch unter Windows 7 gute Ergebnisse und stellt eine zuverlässige Plattform für eine Vielzahl von Lastexperimenten dar. Es wurde ebenfalls aufgedeckt, dass Windows standardmäßig einen viel zu kleinen Sendepuffer bereitstellt, weswegen Lastgenerierungsprozesse unter gewissen Umständen blockieren können und die Paketrate unweigerlich einbricht. Dieses lässt sich jedoch durch eine manuelle Anpassung des Sendepuffers verhindern. Bezüglich der Präzision wurde festgestellt, dass unter RTOS-32 die Verfehlzeiten sowohl für kleine als auch für große Paketlängen deutlich unterhalb derer liegen, die unter Windows 7 erzielt wurden. Zusammengefasst lässt sich daher sagen, dass die Wahl und auch die Konfiguration des Betriebssystems einen deutlichen Einfluss auf die Leistung und Präzision des $UniLoG$-Lastgenerators haben.

Da bislang keine Optimierungen des $UniLoG$-Lastgenerators bezüglich des Einsatzes auf RTOS-32 stattgefunden haben, ist zu erwarten, dass weitere Leistungs- und Präzisionssteigerungen möglich sind. Besonders sei hier der interne Scheduler erwähnt. Dieser ist für die Ausführung des $UniLoG$-Lastgenerators (in einer Single-Thread-Variante) auf Desktop-Betriebssystemen wie Windows oder Linux von großem Vorteil. Beim Einsatz eines Echtzeitbetriebssystems wie RTOS-32 hingegen gibt es effizientere und weniger fehleranfällige Methoden, um einen annähernd optimalen Programmfluss zu realisieren. Da heute fast jeder Computer über mehrere Kerne verfügt, wäre es beispielsweise denkbar, GAR sowie $ADAPT$ als $Threads$ zu implementieren. Diese könnten unter einem Echtzeitbetriebssystem parallel laufen, ohne dass die Gefahr einer Unterbrechung bestünde. Da der Scheduler in einem solchen Fall überflüssig wäre, würden auch die für den Scheduler notwendigen Berechnungen der Laufzeitstatistiken in GAR und $ADAPT$ entfallen. Die Leistung des Lastgenerators würde somit eine weitere Steigerung erfahren. Die realisierbaren Zwischenankunftszeiten entsprächen dann in etwa der Laufzeit der Komponente, welche die höchste Laufzeit aufweist. Auch das Problem mit den Fehlentscheidungen des Schedulers wäre so umgangen, so dass für die Präzision dann $ZAZ \geq max(T_G, T_A) \Rightarrow VZ \rightarrow 0\mu s$ gilt.

Da mittlerweile der $UniLoG$-Lastgenerator auch unter Linux ausgeführt werden kann, wäre es auch interessant, Leistung und Präzision zu erheben, wie sie von $UniLoG$ und Linux erreicht werden. Weiterhin bietet Linux einige Besonderheiten wie einen RT-$Kernel$ Patch und mit der Kernelversion 3.10 einen neuen $Tickless$ $Kernel$. Diese könnten dafür eingesetzt werden, dass der Lastgenerierungsprozess unterbrechungsfrei arbeiten kann. Damit wäre es auch unter Linux denkbar, eine $multithreaded$-$Variante$ von $UniLoG$ einzusetzen. Techniken wie RAW-Sockets oder DNA ($Direct$ NIC $Access$) könnten in Adaptern eingesetzt werden, die speziell auf die Generierung hochfrequenter Paketraten ausgelegt ist.

Danksagung: Der Autor dankt Herrn Prof. Dr. rer. nat. Bernd E. Wolfinger und Herrn Dipl.-Inform. Andrey Kolesnikov für die ausgezeichnete Betreuung und Unterstützung während der Anfertigung dieser Arbeit.

Literaturverzeichnis

1. Avallone, S., Emma, D., Pescapè, A. und Ventre, G.: *A Distributed Multiplatform Architecture for Traffic Generation.* Int. Symp. on Performance Evaluation of Computer and Telecommunication Systems, 2004
2. Antichi, G., Di Pietro, A., Ficara, D., Giordano, S., Procissi, G. und Vitucci, F.: *Design of a High Performance Traffic Generator on Network Processor.* DSD'08, 2008, S. 438-441
3. Dainotti, A., Botta, A. und Pescapè, A.: *Do you know what you are generating?*, ACM CoNEXT Konferenz 2007, New York, 2007
4. Kulas, M.: *Entwurf und Realisierung eines Adapters für UniLoG zur Lastgenerierung an IP-basierten Schnittstellen*, Dipl.-Arbeit, Informatik, Uni Hamburg, 2009
5. Kolesnikov, A.: *Konzeption und Entwicklung eines echtzeitfähigen Lastgenerators für Multimedia-Verkehrsströme in IP-basierten Rechnernetzen*, Echtzeit 2008, Boppard am Rhein, S. 91–100
6. Kolesnikov, A. und Kulas, M.: *Load Modeling and Generation for IP-Based Networks: A Unified Approach and Tool Support*, MMB & DFT 20120, LNCS 5987, Springer Berlin / Heidelberg, 2010, S. 91–106
7. Wolfinger, B. E.: *Characterization of Mixed Traffic Load in Service-Integrated Networks*, Systems Science Journal, Vol. 25, No. 2, 1999, S. 65–86
8. Cong, J.: *Load Specification and Load Generation for Multimedia Traffic Load in Computer Networks*, Shaker, Aachen, 2006
9. Tanenbaum, A. S.: *Moderne Betriebssysteme*, Pearson Studium, 2002, S. 159
10. On Time Informatik GmbH. Win32 API Compatible RTOS for 32/64-bit x86 Embedded Systems. http://www.on-time.com/rtos-32.htm, Stand: 11.07.2013

Slothful Linux:
Ein effizientes, hybrides Echtzeitbetriebssystem durch Hardware-basierte Task-Einlastung

Rainer Müller

Lehrstuhl für Verteilte Systeme und Betriebssysteme
Friedrich-Alexander-Universität Erlangen-Nürnberg
raimue@cs.fau.de

Zusammenfassung. Komponenten einer Echtzeitanwendung, wie beispielsweise Benutzerinteraktionen oder bestimmte Datentransfers zu anderen Hardwaregeräten, sind nicht zeitkritisch und können daher in ein Vielzweckbetriebssystem unter Verwendung existierender Bibliotheken und Frameworks ausgelagert werden. Dadurch verringert sich der Ressourcenbedarf der Echtzeitanwendung und die Wartbarkeit wird erhöht. Um dem Vielzweckbetriebssystem Zugriff auf die erfassten Daten des Echtzeitbetriebssystems zu ermöglichen, sollten diese auf derselben Plattform als hybrides Betriebssystem vereint werden.
SLOTHFUL LINUX vereint das existierende SLOTH-Konzept für das Interrupt-gesteuerte Einplanen von Tasks mit dem Linux-Kern, um damit ein solches kombiniertes System zu bilden. Die Evaluation zeigt, dass SLOTHFUL LINUX als Hybridsystem im Vergleich zu dem freistehenden SLOTH-Kern ähnliche Laufzeiten und gegenüber Xenomai, einer Software-basierten Echtzeiterweiterung für Linux, geringere Latenzen aufweist.

1 Einleitung

Das Verhalten vieler Maschinen und Geräte in unserem täglichen Leben wird bereits durch viele eingebettete Systeme gesteuert. Häufig ist dabei das Einhalten von Zeitvorgaben für einen korrekten Ablauf essenziell, so dass sich für diese Aufgaben spezialisierte Echtzeitsysteme herausgebildet haben. Gleichzeitig ist oft auch eine Interaktion mit menschlichen Benutzern gefordert, für die eine Verbindung zwischen der Echtzeitdomäne und der Außenwelt geschaffen werden muss.

1.1 Hybride Echtzeitbetriebssysteme

Die Entwicklungen der Computertechnik haben verschiedene Klassen von Betriebssystemen hervorgebracht, die für die Anforderungen des jeweiligen Einsatzbereichs spezialisiert sind. Die bekannteste Klasse sind die Vielzweckbetriebssysteme, die mit uns Menschen interagieren und eine weltweite Datenkommunikation erlauben. Daneben gibt es Systeme, die auch in sicherheitskritischen

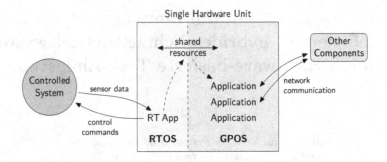

Abb. 1. In einem Hybridsystem laufen ein Echtzeitbetriebssystem (RTOS) und ein Vielzweckbetriebssystem (GPOS) gleichzeitig auf derselben Hardware.

Bereichen Anwendung finden. Bei diesen ist die Einhaltung von Echtzeitvorgaben für die Behandlung von Ereignissen entscheidend für die ordnungsgemäße Funktionsweise.

Manche Aufgaben in einer Anwendung können der Visualisierung oder anderer Interaktion mit Menschen dienen. Dabei handelt es sich nicht um zeitkritische Tätigkeiten, so dass diese nicht auf einem spezialisierten System ablaufen müssen, sondern auch in einem einfacheren Entwicklungsprozess auf einem Vielzweckbetriebssystem umgesetzt werden können. Beide Teile der Anwendung werden aber weiterhin Daten austauschen müssen, so dass sich Vorteile daraus ergeben, beide Teile mit gemeinsamen Speicher auf derselben Hardware-Plattform umzusetzen wie in Abb. 1 gezeigt.

1.2   Das Sloth-Konzept

Das SLOTH-Konzept [1] verlagert die Verwaltung der verschiedenen Kontrollflüsse eines Betriebssystems unter Verwendung des Interrupt-Controllers in die Hardware. Indem alle Kontrollflüsse als Unterbrechungsbehandlungen implementiert werden, entsteht ein einheitlicher Prioritätsraum. Dieser macht es möglich, Prioritäten für Threads und ISRs aufgrund ihrer semantischen Funktion zu vergeben, ohne dabei Rücksicht auf die Art des Kontrollflusses nehmen zu müssen. Durch den Einsatz der Hardware für die Verwaltung der Kontrollflüsse kann diese die Arbeit eines Schedulers übernehmen und damit eine Implementierung in Software wie in herkömmlichen Betriebssystemen unnötig machen. Dadurch werden in SLOTH gegenüber Systemen mit einem Software-basierten Scheduler schnellere Kontextwechsel erreicht.

Da das Konzept vor allem auf die Anwendung in ereignisgesteuerten, eingebetteten Echtzeitsystemen mit statisch konfigurierten Prioritäten abzielt, wird die OSEK-OS-Spezifikation implementiert, die vor allem in der Automobilindustrie Verbreitung findet [2]. Diese sieht als Abstraktion für Kontrollflüsse *Tasks* vor, wobei hier zur Vereinfachung im Folgenden nur einfache (*basic*) Tasks mit einem strikt geschachteltem (*run-to-completion*) Ablaufmodell betrachtet werden. Grundsätzlich unterstützt SLOTH ebenso komplexe (*extended*) Tasks [3].

1.3 Integration von SLOTH mit Linux

Mit SLOTHFUL LINUX ist durch das Verschmelzen von SLOTH mit einem Vielzweckbetriebssystem, in diesem Fall das quelloffene Linux, ein hybrides Echtzeitbetriebssytem entstanden. Damit wurde untersucht, wie sich der Ansatz von SLOTH in ein solches System integrieren lässt.

2 Analyse und Anforderungen

Bei der Zusammenführung eines Echtzeitbetriebssystems mit einem Vielzweckbetriebssystem ist es wesentlich, die Eigenschaften für den Echtzeitbetrieb zu erhalten, weshalb zunächst existierende Ansätze diskutiert werden.

2.1 Echtzeitfähigkeit in Linux

Der als freie Software entwickelte Linux-Kern hat keinen spezialisierten Einsatzzweck, sondern findet als Vielzweckbetriebssystem durch weitreichende Hardware-Unterstützung seinen Einsatz unter anderem auf Arbeitsplatzrechnern, Servern, Netzwerkkomponenten und auch auf Multimediageräten. In seiner Standardausführung erfüllt Linux nicht die Anforderungen an ein Echtzeitbetriebssystem. Messungen haben gezeigt, dass strikte Zeitvorgaben nicht eingehalten werden können und die Verzögerungszeit zur Behandlung von externen Ereignissen zu hohe Streuung aufweist [4,5].

Daneben gibt es bereits Ansätze, den Linux-Kern so zu erweitern, dass deterministische Vorhersagen über das zeitliche Verhalten getroffen werden können. Man kann dabei zwischen zwei Kategorien unterscheiden:

1) Veränderungen am Linux-Kern selbst, die Echtzeitverhalten nachrüsten.

2) Auslagerung der Echtzeitaktivität in einen kleineren Echtzeitkern, der alle Interrupts behandelt, während der Linux-Kern selbst mit virtualisierter Interrupt-Behandlung auf niedriger Priorität ausgeführt wird.

Ein Beispiel für die erste Kategorie ist der *RT-Preempt Patch*, der durch Veränderungen am Scheduler des Linux-Kerns Echtzeitfähigkeit nachrüsten will. Obwohl bereits manche im Rahmen dieses Projekts entstandenen Funktionalitäten in den Standardkern eingeflossen sind, erfüllt dieser nicht die Anforderungen für Verwendung in einem harten Echtzeitsystem [6]. Der zweite Ansatz zur Realisierung von Echtzeitfähigkeit in Linux verwendet eine Virtualisierungstechnik, bei dem Linux durch das Einfügen einer Abstraktionsschicht der direkte Zugriff auf die Hardware des Interrupt-Controllers genommen wird.

2.2 Interruptvirtualisierung durch den I-Pipe Patch

Durch Interruptvirtualisierung kann in einem hybriden Echtzeitbetriebssystem eine Rangfolge in der Behandlung der Interrupts erreicht werden. Wie in Abb. 2

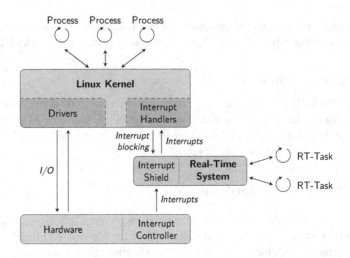

Abb. 2. Durch Interruptvirtualisierung wird die gleichzeitige Ausführung eines Echt-zeitkerns neben Linux auf derselben Hardware ermöglicht.

dargestellt, kontrolliert das Echtzeitbetriebssystem die Zustellung aller Inter-rupts an Linux.

Für die Virtualisierung müssen alle Funktionen, die Interrupt-Behandlung betreffen, im Linux-Kernel angepasst werden. Das herkömmliche Sperren von Interrupts auf der Hardware durch die Maschinenbefehle `cli`/`sti` auf Intel x86 würde zu unvorhersagbaren Verzögerungen führen. Daher müssen Programmab-schnitte im Linux-Kern bei Verwendung der Interrupt-Virtualisierung stattdes-sen durch *Optimistic Interrupt Protection* [7] geschützt werden. Anstatt die In-terrupts in der Hardware zu sperren, wird lediglich in der Abstraktionsschicht in Software gespeichert, ob Linux gerade Interrupts annimmt oder nicht. Wenn Interrupts erlaubt sind, wird die entsprechende Behandlungsroutine direkt in Linux ausgeführt. Andernfalls werden die auftretenden Interrupts nur in der Abstraktionsschicht vermerkt und werden erst im Linux-Kern zur Ausführung gebracht, sobald dieser Interrupts wieder freigibt.

Durch diese Vorgehensweise ist der kurzzeitige Ausschluss von Unterbre-chungsbehandlungen im Linux-Kern zur Synchronisation immer noch möglich, obwohl Linux keinen Einfluss mehr auf die Hardware des Interrupt-Controllers nimmt. Alle Interrupts werden im Echtzeitkern behandelt und bei Bedarf an den Linux-Kern weitergegeben. Der Echtzeitkern verwaltet seine Aufgaben vollstän-dig unabhängig von Linux und hat immer Vorrang vor Linux, welches nur dann ausgeführt wird, wenn sich das Echtzeitsystem im Leerlauf befindet.

Dieses Konzept der Interruptvirtualisierung wird durch den *I-Pipe Patch* für Linux implementiert, der als Basis für mehrere Echtzeiterweiterungen wie RTAI oder Xenomai eingesetzt wird. Dieser Patch bietet die Möglichkeit, mehrere Be-triebssysteme hintereinander in Form einer *Pipeline* anzuordnen, in der einzelne Interrupts von einem System zum nächsten gereicht werden. Für den Anwendungsfall eines hybriden Echtzeitbetriebssytems genügt aber die Funktionalität eine einzelne Abstraktionsschicht vor den Linux-Kern einzufügen. Durch die Abstraktion der Interruptbehandlung werden zwei von einander getrennte Domänen geschaffen, wobei in der einen die Echtzeitanwendung ausgeführt wird und in der anderen der Linux-Kern mit seinem regulären Ablauf.

3 Entwurf und Implementierung von Slothful Linux

Bei der vorgestellten Interruptvirtualisierung wird eine Abstraktionsschicht vor die Unterbrechungsbehandlung des Linux-Kerns hinzugefügt, so dass ein Echtzeitkern seine Tasks unabhängig von Linux einplanen und einlasten kann. In existierenden Systemen wird dafür ein Scheduler in Software eingesetzt. In SLOTHFUL LINUX wird hierfür SLOTH verwendet, in welchem der Interrupt-Controller zur Verwaltung der Tasks eingesetzt wird. Da dieser durch die Interruptvirtualisierung vollständig unter Kontrolle des Echtzeitkerns steht, kann dieses Konzept für effizientes Einplanen und Einlasten direkt umgesetzt werden.

SLOTH ist für statisch konfigurierte Systeme konzipiert. Als solche sind alle Tasks und ihre Prioritäten bereits zum Zeitpunkt des Kompilierens bekannt. Deshalb können Teile des Systems nach einer Analyse der Konfiguration dynamisch generiert werden, um den Kern möglichst genau an die Bedürfnisse der Anwendung anpassen zu können. Ebenso werden nur die verwendeten Funktionalitäten in das ausführbare Programm aufgenommen.

Dieses Prinzip soll auch auf SLOTHFUL LINUX übertragen werden. Die Anwendungen sollen klein und an die Aufgabe angepasst sein, wobei der Austausch der statischen Anwendung kein erneutes Kompilieren des gesamten Linux-Kern erfordern soll. Deshalb werden die Echtzeitanwendungen von SLOTHFUL LINUX als Linux-Kernmodule implementiert, die zur Laufzeit auch erst nach dem Booten des System geladen oder ausgetauscht werden können.

Um die Vorteile der Konsolidierung auf derselben Hardware auszunutzen, muss ein Kommunikationskanal zum Datenaustausch zwischen den beiden Domänen geschaffen werden. Dafür wird der Linux-Kern und der Echtzeitkern um die zusätzliche Funktionalität der *Pipes* erweitert. Diese spannen Kommunikationskanäle von der Echtzeitdomäne zum Vielzweckbetriebssystem auf, so dass Prozesse unter Linux die von Echtzeit-Tasks geschriebenen Daten lesen können.

3.1 Anforderungen an die Hardware-Plattform

In SLOTH werden zum Einplanen und Einlasten der Kontrollflüsse Hardware-Komponenten verwendet, mit denen gegenüber einem Software-basierten Scheduler schnellere Kontextwechsel erreicht werden. Durch den Rückgriff auf den Interrupt-Controller ist für die Umsetzung keine speziell angefertigte Hardware nötig, sondern es entstehen lediglich Anforderungen an die jeweilige Zielplattform: die Hardware muss so viele Interrupts mit verschiedenen Prioritätsstufen wie Tasks im System bieten und Interruptanforderungen müssen in Software generiert werden können, um synchron spezifische Interrupts auszulösen.

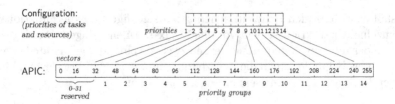

Abb. 3. Die Abbildung des Prioritätsraums von der logischen Spezifikation der Anwendungskonfiguration auf die physischen Prioritäten der Hardware.

Viele moderne Plattformen erfüllen diese Anforderungen, wie auch Intel x86 mit der APIC-Architektur. Während existierende Implementierungen von SLOTH alleinstehend laufen, wird bei SLOTHFUL LINUX das Konzept mit dem Linux-Kern zu einem hybriden System verschmolzen. Trotzdem hat SLOTHFUL LINUX über die Anforderungen von SLOTH hinaus keine zusätzlichen Voraussetzungen. Auch die Umsetzung der Interruptvirtualisierung stellt dabei keine zusätzlichen Bedingungen auf, da diese vollständig als Abstraktionsschicht des Linux-Kerns in Software abläuft.

3.2 Sloth auf Intel x86 unter Verwendung des Local APIC

Mit der Einführung von SMP in die Architektur des Intel x86 steht durch den *Local APIC* ein umfangreicher Interrupt-Controller zur Verfügung. Dieser unterstützt die für SLOTH benötigten Unterbrechungsebenen, so dass eine Unterbrechungsbehandlung von einer Anforderung mit höherer Priorität verdrängt werden kann. Dafür besitzt die CPU eine aktuelle Ausführungspriorität, die implizit auf die Priorität der gerade laufenden Unterbrechungsbehandlung gesetzt wird oder auch manuell erhöht werden kann. Eine Unterbrechungsanforderung wird nur dann behandelt, wenn sie eine höhere Priorität als die aktuelle Ausführungspriorität der CPU aufweist. Die Priorität ist dabei implizit durch die Nummerierung in 14 Prioritätsgruppen vorgegeben, wie in Abb. 3 gezeigt.

Für die Umsetzung des SLOTH-Konzepts wird anhand der Konfiguration der Anwendung jedem Task entsprechend seiner Priorität einer der Interrupt-Vektoren zugeordnet und bereits beim Kompilieren eine entsprechende Vektortabelle generiert. Dabei wird nur jeweils ein Vektor pro Prioritätsgruppe vergeben, da nur diese zu einer Verdrängung führen können. Synchrone Aktivierungen durch den Systemdienst `ActivateTask()` erfolgen durch das Senden eines *IPI* (*Inter-Processor-Interrupt*) durch den *Local APIC* an sich selbst, was lediglich eine einzelne Schreiboperation auf ein in den Adressraum eingeblendetes Hardware-Register erfordert. Ebenso ist es möglich, die Aktivierung asynchron durch ein Peripheriegerät erfolgen zu lassen. Beide Arten markieren den entsprechenden Interrupt zur Behandlung anstehend. Nur wenn die aktuelle Ausführungspriorität der CPU tatsächlich niedriger als die Priorität der anstehenden Anforderung ist, kommt es auch wirklich zu einer Unterbrechung des Prozessors. Zur Ausführung der Unterbrechungsbehandlung verwendet die CPU eine Vektortabelle, in der die Adresse der zugehörigen Funktion steht.

Durch Anheben und Absenken der aktuellen Ausführungspriorität der CPU wird auch das durch OSEK spezifizierte *Priority Ceiling Protocol* implementiert, das zum gegenseitigen Ausschluss von Tasks für den Zugriff auf gemeinsam genutzte Ressourcen dient.

3.3 Änderungen am Linux-Kern für Slothful Linux

SLOTHFUL LINUX verwendet die Interruptvirtualisierung des *I-Pipe Patch*, um dem Linux-Kern den direkten Zugriff auf den Interrupt-Controller zu entziehen. Trotzdem sind weitere Veränderungen am Linux-Kern nötig, um hardwarebasiertes Einlasten von Echtzeit-Tasks zu ermöglichen.

In SLOTHFUL LINUX soll der *I-Pipe Patch* lediglich für die *Optimistic Interrupt Protection* verwendet werden und nicht für den SLOTH-Echtzeitkern. Da die Verzögerungen im System möglichst gering gehalten werden sollen, ist der Ansatz einer generischen Pipeline, an der dynamisch Systeme eingehängt werden können, ungeeignet. Stattdessen installiert SLOTHFUL LINUX durch Anpassungen im Linux-Kern eigene Funktionen zur Unterbrechungsbehandlung direkt in die Vektortabelle, die so ohne zusätzliche Verzögerung zur Ausführung kommen.

Dennoch ist es nötig, den *I-Pipe Patch* für den Wechsel zwischen der Echtzeit- und Linux-Domäne zu verwenden. Dafür wird Funktionalität zur Verfügung gestellt, die auch die Fehlerbehandlung mittels Traps im entsprechenden System ausführt. Da die Unterbrechung für den Linux-Kern völlig transparent erfolgt, darf nicht dessen Fehlerbehandlung bei einem Fehler im Echtzeitkern angesprungen werden. Deshalb muss immer die aktuell laufende Domäne auch bei Umgehung der eigentlichen Pipeline des *I-Pipe Patch* gekennzeichnet werden.

Der Linux-Kern verwendet die im *Local APIC* vorhandenen Interrupts zum großen Teil ohne Beachtung der Priorität für Interrupts von Peripheriegeräten. Deshalb können dem Linux-Kern für SLOTHFUL LINUX einige dieser Vektoren komplett entzogen werden.

Echtzeitanwendungen für SLOTHFUL LINUX werden als einzelnes Linux-Kernmodul implementiert, da so die existierende Schnittstelle zum dynamischen Laden von Programmcode und Daten genutzt werden kann. Jedes Modul beinhaltet eine kleine Initialisierungsfunktion, die SLOTH als Echtzeitkern registriert. Weiterhin wird die Vektortabelle angepasst, so dass die Tasks den jeweiligen Interrupts mit der impliziten Priorität zugewiesen werden.

3.4 Kommunikation zwischen den Domänen

Durch die in SLOTHFUL LINUX eingeführten *Pipes* entsteht ein unidirektionaler Kommunikationskanal von der Echtzeitdomäne zu Prozessen, die von Linux verwaltet werden. Dafür werden diese im Linux-Kern als *character device* angelegt, die von Benutzerprozessen geöffnet und gelesen werden können. Die *Pipes* werden wie der Rest des Systems statisch konfiguriert und beim Laden des Kernmoduls

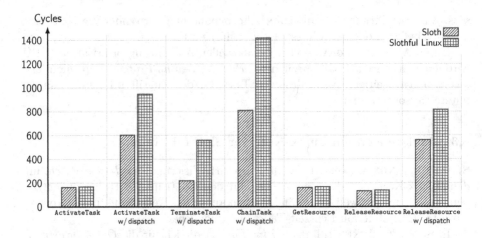

Abb. 4. Ergebnisse der Laufzeitmessungen der OSEK-Systemdienste.

entsprechend angelegt. Der Austausch der Daten selbst erfolgt über einen Puffer in gemeinsam genutztem Speicher der beiden Domänen.

4   Evaluation

Die Evaluation von SLOTHFUL LINUX umfasst einen Vergleich der Systemdienste mit der alleinstehenden Implementierung von SLOTH auf dem Intel x86 und Xenomai, einem weiteren hybriden Echtzeitsystem auf Basis von Linux. Diese wurde auf auf einem Intel Atom D510 bei 1,6 GHz durchgeführt.

4.1   Ergebnisse der Laufzeitmessungen

Für die Evaluation der Systemdienste der Taskverwaltung wurde jeweils die Laufzeit in CPU-Zyklen auf SLOTH und SLOTHFUL LINUX mit Hilfe des *Timestamp Counter* der CPU gemessen. Dafür wurde eine Beispielanwendung mit mehreren Tasks gewählt, in denen verschiedene Testfälle für Wechsel zwischen Tasks und zur Synchronisation mit Ressourcen auftreten. Jeder Testfall wurde vom Zeitpunkt direkt vor dem Aufruf des Systemdiensts bis zur Fertigstellung der Aktion gemessen. Als Beispiel wurde für eine Verdrängung des aktuell laufenden Tasks mittels `ActivateTask()` direkt vor diesem Aufruf bis zur ersten Instruktion im neuen Task gemessen. Die Ergebnisse der beiden Systeme sind im Vergleich in Abb. 4 aufbereitet.

Obwohl die Interrupts in SLOTHFUL LINUX bereits vor dem Linux-Kern durch Interruptvirtualisierung behandelt werden, bringt dennoch jeder Wechsel in die Echtzeitdomäne durch die Funktionsweise des *I-Pipe Patch* einen Mehraufwand von etwa 300 Zyklen mit sich. Dies gilt für `ActivateTask()`, `TerminateTask()`

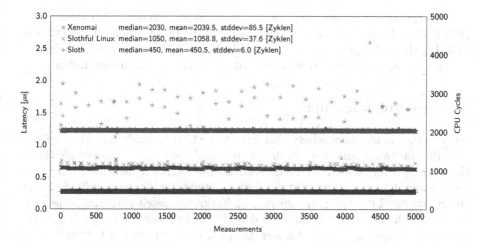

Abb. 5. Vergleich der Verzögerungen vom Zeitpunkt der Auslösung eines Interrupts bis zum Betreten der behandelnden Funktion.

und ebenso auch für `ChainTask()`, wobei bei letzterem der doppelte Mehraufwand beobachtet wird, da durch das Beenden des aktuellen Tasks und das Betreten des neu gestarteten Task zwei Wechsel der Domänen stattfinden. Bei den Systemdiensten ohne Einlasten eines anderen Tasks dagegen fällt verglichen zu SLOTH kein Mehraufwand an.

4.2 Ergebnisse der Latenzmessungen

Die Verzögerungszeiten für das Einlasten eines Tasks wurden bestimmt, indem die Dauer zwischen dem Auslösen des Interrupts und der ersten Instruktion im zugehörigen Task der Anwendung anhand des Zeitbausteins des *Local APIC* gemessen wurde. Durch diese Vorgehensweise wird nur die durch Software hinzugefügte Latenz gemessen. Arbitrierungen und andere Kommunikation über interne Leitungen zwischen den verschiedenen Hardwarekomponenten wird so übergangen. Da allerdings in einem Betriebssystem lediglich die durch Software verursachte Latenz beeinflusst werden kann, erlaubt diese Metrik einen Vergleich der verschiedenen Implementierungen.

In Abb. 5 sind die gemessenen Latenzen für den alleinstehenden SLOTH-Kern, für den Echtzeitkern in SLOTHFUL LINUX und für Xenomai dargestellt. Für das alleinstehende SLOTH ergeben sich sehr stabile Werte mit geringer Standardabweichung im Rahmen der Messungenauigkeit von 6 Zyklen, da hier die Hardware ausschließlich durch ein einzelnes Betriebssystem belegt wird. Bei SLOTHFUL LINUX dagegen zeigt sich mit 37,6 Zyklen schon eine deutlich höhere Standardabweichung, die vor allem Entstehen, da der Linux-Kern immer wieder zwischen den Aktivierungen laufen kann. Als Ursache für die Variabilität können deshalb auch das Pipelining und der Zwischenspeicher der CPU verantwortlich sein. Deutlich stärker noch ist die Standardabweichung bei Xenomai mit

85,5 Zyklen ausgeprägt und auch die absoluten Werte sind mit einem Median von 2030 Zyklen deutlich höher als der Median von 1050 Zyklen für SLOTHFUL LINUX. Durch das Umgehen der Software-Schicht des *I-Pipe Patch* und das direkte Behandeln der Interrupts erreicht SLOTHFUL LINUX eine niedrigere Latenz.

5   Zusammenfassung

Im hybriden Echtzeitbetriebssystem SLOTHFUL LINUX wurde das SLOTH-Konzept für Hardware-basiertes Einplanen und Einlasten von Tasks zur gleichzeitigen Ausführung mit einem Vielzweckbetriebssystem auf derselben Hardware angewendet. Durch Interruptvirtualisierung unterstützt der vorgestellte Entwurf von SLOTHFUL LINUX die Ausführung von Tasks auf dieselbe Art und Weise wie das alleinstehende SLOTH-System, in dem die Taskverwaltung in den Interrupt-Controller ausgelagert wird. Da der Linux-Kern in SLOTHFUL LINUX nur im Leerlauf ausgeführt wird, nimmt dieser keinen Einfluss auf die Echtzeiteigenschaften des hybriden Systems.

Die vorgestellte Implementierung von SLOTHFUL LINUX hat gezeigt, dass der Ansatz der Interrupt-gesteuerten Verwaltung von Tasks auch in einem hybriden Betriebssystem eingesetzt werden kann. Die Evaluation zeigt, dass die benötigten Wechsel zwischen den Domänen einen konstanten Mehraufwand verglichen mit dem alleinstehenden SLOTH-System einbringen. Die Kontrollflüsse des Echtzeitsystems werden unter Verwendung des Interrupt-Controllers nach dem SLOTH-Konzept verwaltet, wodurch sich positive Auswirkungen auf die nicht-funktionalen Eigenschaften des Systems ergeben.

Literaturverzeichnis

1. Wanja Hofer, Daniel Lohmann, Fabian Scheler, and Wolfgang Schröder-Preikschat: Sloth: Threads as Interrupts. *RTSS '09*, 2009, IEEE
2. OSEK/VDX Group. Operating system specification 2.2.3. Technical report, 2005.
3. Wanja Hofer, Daniel Lohmann, and Wolfgang Schröder-Preikschat: Sleepy Sloth: Threads as Interrupts as Threads. *RTSS '11*, 2011, IEEE
4. Matteo Marchesotti, Roberto Podestá, and Mauro Migliardi: A measurement-based analysis of the responsiveness of the Linux kernel. *ECBS '06*, 2006, IEEE
5. Paul Regnier, George Lima, and Luciano Barreto: Evaluation of interrupt handling timeliness in real-time Linux operating systems. *SIGOPS: OSR*, 42(6):52–63, 2008
6. Arther Siro, Carsten Emde, and Nicholas McGuire: Assessment of the realtime preemption patches (RT-Preempt) and their impact on the general purpose performance of the system. *Proceedings of the 9th Real-Time Linux Workshop*, 2007.
7. Daniel Stodolsky, J. Bradley, Chen Brian, and N. Bershad: Fast interrupt priority management in operating system kernels. In *In Second USENIX Symposium on Microkernels and Other Kernel Archtitectures*, pages 105–110. USENIX, 1993.

Entwurf und Implementierung einer Prozessinterkommunikation für Multi-Core CPUs

Manuel Strobel

Fakultät Computer & Electrical Engineering
Hochschule Furtwangen University, 78120 Furtwangen
`mail@manuelstrobel.de`

Zusammenfassung. Komplexer werdende Anwendungen mit wachsenden Anforderungen an die Eigenschaften eingebetteter Systeme erfordern eine optimale Ressourcennutzung zunehmend verfügbarer Embedded-Plattformen mit Multi-Core CPUs. Dieser Zustand begründet eine entsprechende Erweiterung des Echtzeit-Kernels µC/OS-II mit dem Ziel eines symmetrischen Multiprocessings (SMP). Erhaltung der bestehenden Kernel API sowie transparente Interprozesskommunikation können durch die vorgestellte Lösung mit positiven Eigenschaften in den Aspekten Speichernutzung und Konfigurierbarkeit vereint werden.

1 Einleitung

Die Suche nach immer mehr Rechenleistung beschäftigt die Computerindustrie seit ihren Anfängen. Dieser, bei [1, S. 612] beschriebene Weg, war lange Jahre vom Steigern der Rechenleistung durch zunehmende Miniaturisierung und einem Erhöhen der Taktfrequenz geprägt.

1.1 Symmetric Multiprocessing (SMP)

Diese Vorgehensweise stößt allmählich an fundamentale Grenzen, weshalb zunehmend auf Parallelisierung gesetzt wird. In der Prozessorentwicklung ist aus diesem Grund inzwischen das Konzept mehrerer CPU Kerne, engl. Cores, pro Chip sehr verbreitet. Die Prozessorkerne solcher Chips teilen sich in der Regel einen gemeinsamen Hauptspeicher, wodurch ein symmetrisches Verhältnis der CPUs zum Speicher entsteht. Deshalb und aufgrund einheitlicher Zugriffszeiten bezeichnet man diese Systemform auch als symmetrisches Multiprozessorsystem mit gemeinsamem Speicher (*symmetric (shared-memory) multiprocessor*). Wird beim Einsatz eines Kernels oder Betriebssystems nur ein Abbild desselben im Speicher vorgehalten, müssen alle beteiligten CPUs in der Lage sein, gleiche Opcodes auszuführen und sind meist identischen Typs. Sowohl die Prozessoren selbst als auch der Betrieb derartiger Systeme wird unter der Abkürzung SMP zusammengefasst [1, S. 626].

1.2   Motivation und Zielsetzung

In einer zunehmend durch eingebettete Systeme beeinflussten Gesellschaft wächst auch der Umfang und die Komplexität solcher Systeme. Die Nutzung neuer Prozessortechnologien unter Aspekten der Parallelisierung und SMP versprechen hier mehr Rechenleistung bei der Umsetzung aktueller und kommender Projekte im Embedded-Sektor.

Der *Echtzeit-Kernel* µC/OS-II hat sich über die Jahre in zahlreichen Anwendungen, besonders auch aus dem sicherheitskritischen Bereich, bewährt, was durch Zertifizierungen nach diversen Normen aus Luftfahrt, Medizintechnik und Industrie belegt wird. µC/OS-II ermöglicht ein unterbrechendes (preemptive) Multitasking auf Basis von Prozessen mit 64 (erweitert 256) Prioritätsstufen und zeichnet sich weiter durch vorhersagbares Verhalten sowie gute Skalierbarkeit und Portabilität aus (siehe [2]). All diese Punkte sind besonders für den Einsatz auf eingebetteten Systemen von großer Bedeutung, da hier in der Regel besondere Rahmenbedingungen wie beispielsweise Echtzeitfähigkeit, funktionale Sicherheit oder begrenzte Verfügbarkeit von Ressourcen vorherrschen.

Anwendungen auf der Basis von µC/OS-II sind in der Regel für den Betrieb auf einem Single-Core Prozessor ausgelegt. Bietet eine Plattform weitere Prozessorkerne an, so besteht grundsätzlich die Möglichkeit, für jede vorhandene CPU eine separate Instanz des Echtzeitbetriebssystems (in Abb. 1 kurz OS) im Speicher vorzusehen. Diese Vorgehensweise ermöglicht die zusätzlichen Ressourcen des Prozessors zu nutzen, erfordert jedoch eine geschickte Aufteilung der Gesamtanwendung, da eine Kommunikation zwischen den Prozessen einzelner Applikationen, die auf getrennten Kernel-Instanzen und somit entfernten Prozessorkernen zur Ausführung kommen, nicht möglich ist. Diese Tatsache begründet die Einführung einer Verbindungsschicht, die in der folgenden Abbildung 1 (1) als *Inter-Process Communication (IPC)* bezeichnet wird. Der daraus resultierende Systemaufbau wird als asymmetrisches Konzept bezeichnet.

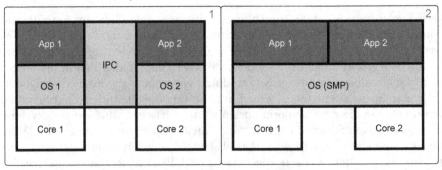

Abb. 1. Varianten für den Systemaufbau im Vergleich

Der im Vergleich dargestellte, symmetrische Systemaufbau (Abb. 1 (2)) beschreibt die Zielsetzung dieser Arbeit und sieht unabhängig der Anzahl an Cores nur eine einzige SMP-fähige Betriebssystemschicht vor. Für die darüber liegende Schicht der Anwendung wird die Struktur des Prozessors somit abstrahiert. Neben der Betrachtung der Auswirkungen eines symmetrischen Multiprozessorsystems auf die einzelnen Bereiche und die Struktur des Kernels ist zu klären, wie die Funktionalität der bisher separaten Schicht der Interprozesskommunikation umgesetzt werden kann. Eine Kommunikation soll sowohl CPU-intern als auch über CPU Grenzen hinweg transparent möglich sein.

2   Aspekte eines Multiprozessor-Betriebssystems

Auf multiprogrammierbaren Systemen existieren in der Regel mehrere nebenläufige Handlungsstränge. Ist im System nur ein Prozessor vorhanden, so kann eine quasi parallele Ausführung durch abwechselnden Zugriff auf die CPU erreicht werden. Bei einem Multiprozessorsystem erhält man nun, je nach Anzahl der verfügbaren Recheneinheiten, eine zusätzliche echte Hardware-Parallelität, die es entsprechend zu beachten und zu behandeln gilt [1, S. 124].

Betriebssysteme basieren in der Regel auf dem sogenannten Prozessmodell. Die gesamte ausführbare Software ist nach diesem Ansatz in Prozesse aufgeteilt, welche vom Betriebssystem verwaltet und abwechselnd zur Ausführung gebracht werden [1, S. 125]. Dieses Prinzip kommt auch bei μC/OS-II zum Einsatz, wobei hier eher der Begriff *Task* gebräuchlich ist.

2.1   Ressourcenverwaltung und Synchronisation

Werden nun Ressourcen wie Speicherstellen oder E/A-Geräte von mehreren Teilnehmern genutzt, so kann es zu Zugriffsproblemen oder im Fall von fehlerhaften Speicherzugriffen zu Inkonsistenzen kommen. Um undefinierte Situationen dieser Form (z.B. Race Conditions) zu vermeiden, werden entsprechende Stellen im Programmablauf als *kritische Abschnitte* markiert. Nach dem Prinzip des *wechselseitigen Ausschlusses* wird ein unerlaubter Mehrfachzugriff auf solche Bereiche verhindert. So bedarf es zum Schutz kritischer Bereiche und zur Umsetzung exklusiver Zugriffe gewisser Ansätze und primitiver Operationen. Um eine richtige und effiziente Zusammenarbeit paralleler Prozesse zu ermöglichen ist die Fähigkeit des Prozessors, Speicherstellen in einer unteilbaren Operation (atomar) zu lesen und zu modifizieren, vorauszusetzen [3, S. 238]. Auf dieser Basis können Mechanismen wie Spinlocks oder Semaphore implementiert werden, die bei der Umsetzung eines symmetrischen Multiprocessings unverzichtbar sind.

2.2   Scheduling

Neben den Punkten Ressourcenverwaltung und Prozesssynchronisation unterscheiden sich Multiprozessor-Betriebssysteme in einem weiteren Punkt, dem Scheduling, von gewöhnlichen Betriebssystemen [1, S. 615].

Bei μC/OS-II erfolgt die Zuteilung der bisher einzigen CPU nach einem unterbrechenden Verfahren für eine zuvor festgelegte Zeitspanne. Ist diese ausgeschöpft, wird dem aktiven Prozess die Kontrolle über die CPU entzogen und ein anderer Prozess (sofern verfügbar) zur Ausführung ausgewählt. Bedingung für dieses Schedulingverfahren ist die Existenz eines Zeitintervalls durch regelmäßige Timer-Interrupts.

Da der Scheduler frequent ausgeführt wird, ist eine möglichst effektive Implementierung wünschenswert. Im Fall von μC/OS-II kann eine konstante Ausführungszeit von *O(1)* für das Scheduling ausgewiesen werden. Dies ist damit zu begründen, dass die Auswahl des nächsten Tasks von keinen dynamischen Faktoren, wie zum Beispiel der Anzahl eingesetzter Tasks, abhängig ist.

In einem symmetrischen Multiprozessorsystem existieren nun mehrere CPUs, die vom Scheduling-Algorithmus berücksichtigt werden müssen. Dass auch auf einer solchen Plattform eine effektive Umsetzung mit *O(1)* möglich ist, zeigt ein beispielhafter Blick auf den Linux Scheduler in der Version 2.6 (siehe hierzu [4] und [5]). Besonders herauszustellen ist der Ansatz, Prozesse einem Core, zumindest für eine gewisse Zeitspanne, fest zuzuweisen. Diese sogenannte *Core Affinity* ermöglicht es, aus Sicht des Scheduling-Algorithmus, prinzipiell eine Prozessauswahl in gewohnter Weise pro CPU zu treffen.

3   μC/OS-II SMP

Um das Systemkonzept zu strukturieren, wird auf die bestehende Systemarchitektur von μC/OS-II zurückgegriffen.

Die Basis für die in Abbildung 2 dargestellte Architektur von μC/OS-II bildet die Hardware. Ein externer Timer ist nötig, um eine exakte Zeitbasis für den Echtzeitbetrieb zur Verfügung zu stellen.

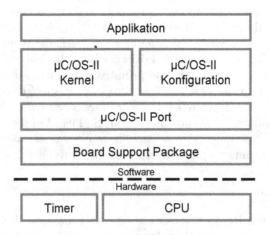

Abb. 2. μC/OS-II Hardware/Software Architektur (nach [2, S. 288])

Die folgende, erste Softwareschicht wird als *BSP* bezeichnet und stellt die Schnittstelle zur Hardware dar. Durch dieses Modul sind im Besonderen hardwarespezifische Aspekte wie Initialisierung von CPU, Interrupt Controller, Timer und verwendeter Peripherie abgedeckt.

Die Ebene *μC/OS-II Port* umfasst prozessorspezifische Routinen und Definitionen, die je nach Plattform für den Betrieb des Kernels angepasst werden müssen.

Sämtliche Systemelemente und Dienste sind im Block *μC/OS-II Kernel* zusammengefasst. Hierzu zählen Taskverwaltung inklusive Scheduling sowie Interruptbehandlung und Speicherverwaltung. Für Kommunikationszwecke und Ereignisverwaltung steht das Basiselement *Event* zur Verfügung. Darauf aufbauend werden die Dienste Mutex, Semaphor, Message Mailbox, Message Queue, Event Flag und Timer angeboten.

Das Modul *μC/OS-II Konfiguration* bietet in Form von Definitionen die Möglichkeit, den Kernel auf die aktuelle Applikation anzupassen und ermöglicht beispielsweise auf begrenzt verfügbare Ressourcen eingebetteter Systeme zu reagieren.

Die oberste Schicht des Modells bildet die Anwendung. Nach der Initialisierung von Hardware und Betriebssysteminterna wird μC/OS-II gestartet und die Anwendung kommt auf Basis von priorisierten Tasks zur Ausführung.

3.1 Hardwareebene

Die Behandlung der zyklischen Interrupts durch den Timer und die damit verbundene Bereitstellung der Zeitbasis wird systemweit von einem fest zugewiesenen Core durchgeführt. Es ergibt sich der in Abbildung 3 dargestellte Aufbau.

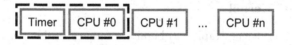

Abb. 3. SMP Hardwarekonzept

Auf diese Weise vermeidet man die Existenz unterschiedlicher Zeitbasen und eine damit verbundene, schwer handhabbare Synchronisation derselben.

Die Ressourcenverwaltung auf Multi-Core Systemen erfordert Hardwareunterstützung von Seiten der CPU. Um zu diesem Zweck eine Sequentialisierung von Zugriffen zu realisieren, müssen passende Mechanismen wie in Abschnitt 2.1 beschrieben, zur Verfügung stehen.

3.2 Board Support Package

Gegenüber dem bisherigen Einsatz von μC/OS-II auf Einprozessorsystemen ändert sich auf dieser Ebene nichts, abgesehen von der Anzahl der zu unterstützenden CPUs.

Benötigte Mechanismen des BSPs hinsichtlich SMP sind dennoch:

– Gezieltes Aktivieren einzelner Cores (relevant für die Startup-Phase).
– Eine geeignete Schnittstelle bzw. Mechanismen zum Schutz von Ressourcen.
– Die Möglichkeit, einen beliebigen anderen Core in Form eines Software-Interrupts zu unterbrechen und so über ein Ereignis zu informieren.

3.3 µC/OS-II Port

Dieser Teil stellt unter anderem die in unserem Fall besonders relevanten, prozessorabhängigen Makros zum Schutz kritischer Abschnitte bereit. Genügte auf Systemen mit einem Core bisher das Deaktivieren von Interrupts um einen kritischen Abschnitt zu schützen, so ist dies auf Multiprozessorsystemen nicht mehr zielführend, da in einem Multiprozessorsystem eine Sperrung von Interrupts nur diejenige CPU berührt, auf der die Sperre ausgeführt wird. Dies geschieht in der Regel durch das Maskieren eines CPU-lokalen Statusregisters.

Um dennoch einen systemweiten wechselseitigen Ausschluss zu gewährleisten, muss auf Mechanismen zurückgegriffen werden, die von allen CPUs gleichermaßen respektiert werden [1, S. 628].

3.4 µC/OS-II Konfiguration

Unter den Gesichtspunkten einer Multi-Core Erweiterung ist die Konfiguration durch SMP-spezifische Informationen zu ergänzen. Neben der Anzahl an verfügbaren CPUs ist die Definition eines primären Prozessors an dieser zentralen Stelle sinnvoll.

3.5 µC/OS-II Kernel

Wie einleitend (vergleiche Kapitel 2) bereits erwähnt, werden bei [1, S. 615] drei zentrale Bereiche identifiziert, die ein gewöhnliches Betriebssystem von einem Multiprozessor-Betriebssystem unterscheiden. So betreffen die im folgenden Abschnitt vorgestellten Änderungen und Konzepte den Kernel in den maßgeblichen Punkten Ressourcenverwaltung, Scheduling und Prozesssynchronisation.

Datenstrukturen: Da nur eine Kopie des Betriebssystems im Speicher liegt, ist festzulegen, welche Variablen und Strukturen mehrfach, also pro Core, angelegt werden müssen. Hier sind besonders prozessorspezifische Zähler, sowie für das Scheduling benötigte Variablen zu nennen. Um Leerlaufphasen der Cores zu überbrücken, muss zudem für jede CPU ein eigener *Idle-Task* angelegt werden.

Da es sich bei µC/OS-II um ein prioritätsbasiertes System handelt, gilt es, unabhängig der Anzahl an CPUs, jede Priorität nur einmal zu vergeben. Globale Tabellen zur Verwaltung der Taskstrukturen sowie ereignisbasierter Dienste müssen also systemweit eindeutig sein und werden demzufolge weiterhin nur einfach angelegt.

Initialisierung: Bevor das Betriebssystem und somit das Multitasking gestartet werden, müssen gewisse Initialisierungen vorgenommen werden. Zahlreiche hardwarespezifische Konfigurationen sowie große Teile der Initialisierung des Betriebssystems sind nur einmalig durchzuführen und werden deshalb einem primären Prozessorkern übertragen. Prozessorspezifische Einstellungen müssen anschließend von jedem Core selbst vorgenommen werden.

Der gesamte Initialisierungsvorgang mündet schließlich im Start von µC/OS-II. Hier wird der höchstpriore Task bestimmt und zur Ausführung gebracht. Aus diesem Grund muss dieser Vorgang ebenfalls von jedem Core durchgeführt werden. Als Voraussetzung für den Start aller weiteren CPUs gilt, dass der primäre Core bereits mit dem Multitasking begonnen hat, was eine vollständige Initialisierung des gesamten Systems garantiert.

Kritische Abschnitte: Aufgrund mehrerer Prozessoren gilt es beim Schutz kritischer Bereiche eine weitere Ebene der Parallelität zu berücksichtigen (siehe Kapitel 2.1). Um dies korrekt zu handhaben, muss das Betriebssystem in mehrere, möglichst kleine sowie unabhängige Bereiche unterteilt werden [1, S. 626 f.]. Auf Basis dieser Aufteilung kann jeder der Abschnitte separat durch einen geeigneten Mechanismus geschützt werden.

Eine kritische Region beschreibt prinzipiell einen Abschnitt des Betriebssystemcodes, in dem eine gewisse globale Variable oder Struktur gelesen oder verändert wird, verallgemeinert also ein Zugriff auf gemeinsam verwendeten Speicher erfolgt [1, S. 163]. Da kritische Bereiche bei µC/OS-II bereits markiert sind, besteht die wesentliche Aufgabe nicht darin, die entsprechenden Stellen im Programmcode zu identifizieren. Vielmehr müssen die Bereiche hinsichtlich der darin verwendeten Datenstrukturen analysiert werden. Kritische Abschnitte, die Zugriffe auf gleiche Variablen kapseln, werden hierzu gruppiert. Auf jede dieser Gruppen muss ein gleichermaßen kontrollierter Zugriff durch alle CPUs des Systems erfolgen. Diese Art von wechselseitigem Ausschluss bildet folglich einen systemweit gültigen Schutz für betroffene Betriebssystemabschnitte.

Taskverwaltung: Hinsichtlich dem Einsatz von µC/OS-II auf eingebetteten Systemen gilt es dynamische Faktoren zu vermeiden. Deshalb ist eine feste Zuweisung zwischen Task und CPU sinnvoll. Die sog. *Core Affinity* (vergleiche Abschnitt 2.2) und damit verbundene Zuteilung der Prozessorkerne soll über den sogenannten Task Control Block (TCB) mitverwaltet werden. Diese Struktur ist demnach um ein Element zu erweitern, in dem die eindeutige ID des zugewiesenen Prozessors abgelegt wird.

Da die Priorität einen Task systemweit eindeutig kennzeichnet, ist jede Prioritätsstufe unabhängig der Anzahl an verfügbaren CPUs nur einmal zu vergeben. So kann auch unter SMP eine gewünschte Funktionalität auf den korrekten Task anhand der Prioritätsstufe abgebildet werden. Hierzu kann über eine, nach Prioritäten sortierte Liste, auf den betroffenen Task verwiesen bzw. auf seinen TCB zugegriffen werden.

Scheduling: Wie bereits in Kapitel 2.2 erwähnt, weist der bei µC/OS-II eingesetzte Scheduling-Algorithmus eine konstante Laufzeit auf. Eine Anpassung des
bestehenden Bitmap-basierten Verfahrens verspricht, diese positive Eigenschaft
bestmöglich erhalten zu können.

Die zentrale Aufgabe des Schedulers, den nächsten zur Ausführung kommen-
den Task zu bestimmen, basiert auf den Variablen OSRdyGrp und OSRdyTbl[ ].
Werden diese Strukturen für jede CPU angelegt, so kann jeder Core, anhand
seiner eigenen Bitmap-Struktur eine separate Task-Auswahl treffen. Neben dem
Mehrbedarf an Speicherplatz, aufgrund der zusätzlich anzulegenden Variablen,
kann wegen der Eindeutigkeit von Prioritäten nicht die gesamte Struktur genutzt
werden (siehe Abb. 4).

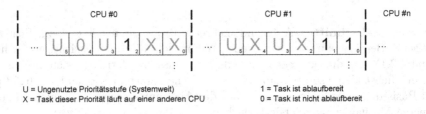

U = Ungenutzte Prioritätsstufe (Systemweit)   1 = Task ist ablaufbereit
X = Task dieser Priorität läuft auf einer anderen CPU   0 = Task ist nicht ablaufbereit

Abb. 4. Datenkonzept Scheduling

Wie abgebildet, muss das Bit einer Prioritätsstufe, die von einem anderen
Core bzw. einem entsprechend zugewiesenen Task belegt ist, in der Struktur
OSRdyTbl[ ] aller anderen Cores als Platzhalter betrachtet werden. Dieser Kom-
promiss erlaubt uns jedoch, den bestehenden Auswahl-Algorithmus unverändert
anzuwenden und die gewünschten Laufzeiteigenschaften zu erhalten.

Wurde ein ablaufbereiter Task ermittelt, dessen Priorität die des aktuell aktiven Tasks übersteigt, so wird ein Kontextwechsel ausgelöst. Neben den Prioritätsstufen sind hierzu Verweise auf die TCBs dieser beiden Tasks nötig. Die
entsprechenden Variablen werden deshalb ebenfalls pro Core angelegt, wodurch
die Schedulingvorgänge verschiedener CPUs auf komplett getrennten Datenba-
sen aufsetzten.

Die zusätzliche Schwierigkeit in einem Multiprozessorsystem besteht letzt-
endlich darin, herauszufinden, für welchen Prozessor ein Aufruf des Schedulers
relevant ist. Um beispielsweise in Folge einer Aktivität des Kernels zu wissen,
welche Tasks und somit welche CPUs hiervon betroffen sind, wird der Schedu-
leraufruf um einen Funktionsparameter ergänzt. Diese Variable wird an allen
relevanten Stellen des Kernels erzeugt und als Argument übergeben. Die Information der betroffenen Cores ist in Form maskierter Bits codiert.

Auf diese Weise kann vor dem eigentlichen Scheduling-Algorithmus durch
Auswertung der einzelnen Bits entschieden werden, welcher Core einen neuen
hochprioren Task bestimmen muss bzw. zur Ausführung bringen kann. In einem
System mit n Prozessoren müssen somit die Bits 0 bis $n - 1$ des Parameters
überprüft werden, um alle 2^n Kombinationsmöglichkeiten abzudecken. Ist kein

Bit der Variable maskiert worden, so ist der Aufruf des Schedulers hinfällig und der aktuelle Task kann seine Ausführung fortsetzen. Wurde mindestens ein Bit gesetzt, hat dies einen Schedulingvorgang zur Folge.

Gibt es in einem SMP-System nun mehrere CPUs, muss ein Mechanismus eingeführt werden, um gegebenenfalls einen anderen Core zu benachrichtigen, dass Aktionen eines anderen Cores ein Scheduling seinerseits erfordern. Zu diesem Zweck soll jeder betroffene Core durch einen Interrupt benachrichtigt werden. Der auslösende Core selbst führt, sofern ihn die Aktion betrifft, anschließend den oben beschriebenen Scheduling-Algorithmus aus, um mit einem anderen Task fortzufahren (siehe Abb. 5).

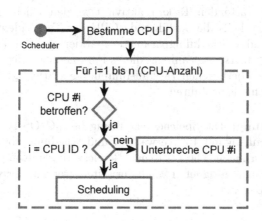

Abb. 5. Scheduling-Konzept

Interruptbehandlung: Wird eine CPU durch einen Interrupt unterbrochen, so wird die Ausführung des aktuellen Tasks unmittelbar gestoppt und der Kontext auf den Stack gesichert. In der anschließend ausgeführten Interrupt Service Routine (ISR) wird das auslösende Ereignis behandelt und daraufhin zurückgesetzt. Da sich die Aktivität eines Interrupts auch auf den Kernel auswirken kann, muss beim Verlassen der Routine überprüft werden, ob ein neuer höchstpriorer Task verfügbar ist. Hierzu kommt wiederum der mehrfach erwähnte Scheduling-Algorithmus zum Einsatz. Kurzum resultiert die Behandlung eines Interrupts bei μC/OS-II immer in der Durchführung eines Schedulings durch den betroffenen bzw. behandelnden Core.

Wie zuvor beschrieben, ist es in einem Multi-Core System von Zeit zu Zeit nötig, einen anderen Core über ein bevorstehendes Scheduling zu informieren. Wird durch eine gewisse Aktivität also ein Scheduling auf einem entfernten Prozessorkern nötig, so kann dieser über den Mechanismus eines Software-Interrupts benachrichtigt werden. Lässt man weiter die hinterlegte ISR einfach leer, so kann durch diesen speziellen Interrupt ein gezielter Core des Systems auf einfache Weise zu einem Scheduling veranlasst werden.

Interprozesskommunikation: Da alle Systemdienste auf einer einzigen Basiskomponente, dem Event aufbauen, unterscheiden sie sich in Verwaltungsangelegenheiten nicht. Hierzu wird für jedes erzeugte Element eine Struktur angelegt, die entsprechend dem TCB eines Tasks als Event Control Block (ECB) bezeichnet wird.

Auf Kernelebene ist immer dann zu reagieren, wenn ein Event durch einen Task benachrichtigt wird. Um die Priorität eines wartenden Tasks zu speichern, beinhaltet jeder ECB eine Bitmap-Struktur, die in Form maskierter Bits festhält, ob einer oder mehrere Tasks auf den Eintritt eines Ereignisses und eine damit gegebenenfalls verbundene Nachricht oder Ressource warten. Tritt das Ereignis ein, kann festgestellt werden, welche Tasks betroffen sind. Gleichgültig ob einer oder alle wartenden Tasks reaktiviert werden sollen, so muss hierbei über den jeweiligen TCB die ausführende CPU des Tasks identifiziert werden und im zu erzeugenden Schedulingparameter markiert werden. Der anschließende Aufruf des Schedulers sorgt anhand dieses Parameters dafür, dass alle Cores, die mindestens einen betroffenen Task ausführen, benachrichtigt werden und den Scheduling-Algorithmus ausführen.

Speicherverwaltung: Die Speicherverwaltung bei µC/OS-II steht in keinem direkten Zusammenhang mit Taskverwaltung und Scheduling sowie den dort vorgenommenen Änderungen. Die kritischen Bereiche dieser Komponente müssen also lediglich um einen geeigneten Schutz erweitert werden, der von allen CPUs gleichermaßen respektiert wird.

3.6 Applikation

Die einzige Änderung auf Applikationsebene entsteht durch das angewandte Prinzip der *Core Affinity* und die damit verbundene Erweiterung des TCBs. Beim Anlegen eines neuen Tasks ist in Form eines zusätzlichen Parameters zu berücksichtigen, welchem Prozessorkern der Task zugewiesen ist.

Zusammenfassend besteht die Möglichkeit, eine Anwendung gezielt und in gewohnter Weise planen und dennoch auf die verfügbaren Ressourcen gleichmäßig verteilen zu können.

Literaturverzeichnis

1. Tanenbaum, Andrew S.: *Moderne Betriebssysteme.* 3. München and Boston [u.a.]: Pearson Studium, 2009. - ISBN 3827373425
2. Labrosse, Jean J.: *MicroC/OS-II: The real-time kernel* 2. Lawrence and Kan: CMP Books, 2002. - ISBN 9781578201037
3. Hennessy, John L. and Patterson, David A. and Arpaci-Dusseau, Andrea C.: *Computer architecture: A quantitative approach* 4. Amsterdam and Boston: Morgan Kaufmann, 2007. - ISBN 9780123735904
4. Jones, Tim M.: *Inside the Linux scheduler.* http://www.ibm.com/developerworks/linux/library/l-scheduler/. Version: 2006
5. Bovet, Daniel P. and Cesati, Marco: *Understanding the Linux kernel.* Beijing and Cambridge and Mass: O'Reilly, 2001. - ISBN 0-596-00002-2

Fehlertolerante verteilte Systeme aus Standardkomponenten

Peter F. Elzer

ehemals: Institut für Prozess- und Produktionsleittechnik (IPP)
der Technischen Universität Clausthal (TUC)
`elzer.home@t-online.de`

Zusammenfassung. In diesem Beitrag wird ein Konzept für den Aufbau fehlertoleranter verteilter Echtzeitsysteme vorgeschlagen, das ohne speziell dafür entwickelte Baugruppen auskommt. Das Grundprinzip besteht darin, als technische Basis allgemein einsetzbare Einplatinenrechner (single board computer, SBC) zu verwenden, die jeweils mit mehreren Anschlüssen für verschiedene Bussysteme ausgestattet sind. Es wird dargelegt, wie diese Eigenschaft zur Erzielung von Fehlertoleranz nutzbar gemacht werden kann. Außerdem werden einige Vorteile derart aufgebauter verteilter Systeme aufgezeigt.

1 Einleitung

Eine wesentliche Voraussetzung für Sicherheit und Zuverlässigkeit leittechnischer Systeme ist ihre Fehlertoleranz. Deshalb wird auf diesem Gebiet seit Jahrzehnten geforscht und entwickelt. Einen guten Überblick über den derzeitigen Stand der Arbeiten gibt z.B. das Buch von Halang und Konakovsky [1]. Darin wird interessanterweise aber auch angemerkt, dass es sich dabei „um ein recht neues Gebiet der Informationstechnik" handele, „das sich erst am Anfang seiner gründlichen Behandlung in der Forschung befindet" (S. 1 in [1]). Der Verfasser hofft deshalb, dass das im Folgenden vorgestellte Strukturkonzept einen nützlichen Beitrag zu diesen Arbeiten darstellen kann.

2 Bisherige Konzepte

2.1 Allgemeines

Seit der Verfasser vor einer Reihe von Jahren im industriellen Umfeld mit der Entwicklung von Leitsystemen für sicherheitskritische Anwendungen befasst war, hat er den Eindruck gewonnen, dass bei einschlägigen Konzepten zwar einerseits sehr viel Wert darauf gelegt wird, zu vermeiden, dass das Leitsystem fehlerhafte Informationen aus dem Prozess erhält und es andererseits daran gehindert wird, falsche Aktionen auf diesen auszuführen, dass aber weniger daran gearbeitet wird, das Leitsystem selbst nach Ausfall einer seiner Komponenten aktionsfähig zu erhalten, um eine nicht absolut notwendige Prozessabschaltung zu vermeiden.

So werden z.B. für die Beeinflussung des technischen Prozesses wesentliche Komponenten mehrfach redundant angelegt. „Vergleicher" überprüfen, ob die von diesen redundanten Komponenten an den Prozess auszugebenden Größen und/oder Befehle jeweils gleich und damit vermutlich korrekt sind. Diese „Vergleicher" können selbst aber naturgemäß nicht redundant ausgeführt werden und stellen damit ihrerseits wieder kritische Komponenten dar. Ein klassisches Beispiel für eine solche kritische Komponente war der Umschalter bei Doppelrechnersystemen, der meist dann prompt ausfiel, wenn er einmal gebraucht wurde.

Vergleicher (oder Einheiten, die eine Plausibilitätsprüfung vornehmen) scheinen außerdem meist als fehlerfrei vorausgesetzt zu werden.

Beim Einsatz eines „Vergleichers" oder einer Plausibilitätsprüfung wird ein Fehler zudem meist erst dann erkannt, wenn das Leitsystem schon versucht, den betreffenden Wert an den zu beeinflussenden technischen Prozess auszugeben. Dann können aber möglicherweise Zeitprobleme bei dem Versuch auftreten, noch rechtzeitig auf einem alternativen Weg einen korrekten Stellwert an den technischen Prozess auszugeben. Theoretisch sollte das bei den heutigen Verarbeitungsgeschwindigkeiten elektronischer Systeme kein Problem darstellen. Die Verzögerungszeit müsste aber bei der Ermittlung der Gesamtzuverlässigkeit eines technischen Systems einkalkuliert werden. Zudem muss ein solcher alternativer Weg überhaupt erst einmal vorhanden sein.

Besonders interessant erscheint dem Verfasser, dass der Ausfall von Verbindungen (wie auch der von Steckern) in der Literatur kaum diskutiert wird.

Auch Ringstrukturen enthalten kritische Komponenten, wie z.B. den „Master", bei dessen Ausfall zwar die lokale Steuerungsebene noch funktionsfähig sein kann, übergeordnete Funktionen (wie z.B. eine Optimierung) aber nicht mehr zur Verfügung stehen.

Sicherheitsorientierte Informationssysteme basieren bisher auch häufig auf speziell dafür entworfenen Hardwarefamilien, die aber wegen ihrer geringeren Stückzahlen einen höheren Preis als Standardbaugruppen haben. Das kann bei der Erstausrüstung eines sicherheitskritischen technischen Systems belanglos sein, da das zu überwachende und zu steuernde („Primär-")System (z.B. ein Kraftwerk oder Flugzeug) um Größenordnungen teurer ist als das zugehörige Leitsystem. Das Primärsystem hat jedoch üblicherweise eine wesentlich längere Lebensdauer als die Leittechnik, die deshalb z.T. mehrmals nachgerüstet oder ganz ausgetauscht werden muss. Dabei können dann allerdings erhebliche Probleme – z.B. in Bezug auf die Nachlieferbarkeit von Komponenten des Leitsystems – auftreten.

Ein weiteres Mittel zur Erreichung von Fehlertoleranz ist Diversität. Diese kann auf unterschiedliche Weise realisiert werden. So kann z.B. Hardware verschiedener Hersteller kombiniert werden, Software mit Hilfe verschiedener Erstellungsverfahren oder Programmiersprachen entwickelt oder sogar verschiedenartige Algorithmen zur Überwachung und Steuerung eingesetzt werden. Weitergehende Überlegungen zu diesem Thema finden sich ebenfalls in [1].

2.2 Ein alternativer Ansatz

Schon in den 1980er Jahren wurde deshalb versucht, mit alternativen System-
strukturen einigen der genannten Probleme beizukommen. Ein nach Ansicht
des Verfassers besonders elegantes Beispiel wurde damals an der Universität
Erlangen-Nürnberg entwickelt [2]. Das Grundprinzip ist in Abb. 1 dargestellt.
Es handelte sich um einheitliche intelligente Bausteine, die jeweils „über Kreuz"
so miteinander verbunden waren, dass bei Ausfall eines Bausteins oder einer Verbindung das Gesamtsystem im Prinzip immer vollständig funktionsfähig blieb.
Generell könnte man sagen, dass es sich dabei um eine modifizierte Doppel-
ringstruktur handelte.

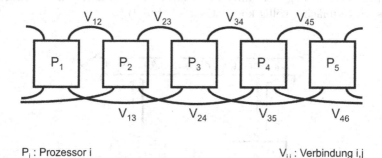

P_i : Prozessor i $V_{i,j}$: Verbindung i,j

Abb. 1. Beispiel einer fehlertoleranten Systemstruktur (nach Maehle [2])

Es konnte aber anscheinend kein Hersteller gefunden werden, der die (Nach-)
Lieferbarkeit derartiger Bausteine und der zugehörigen Grundlagensoftware für
einen akzeptablen Preis über einen ausreichend langen Zeitraum sicherstellen
wollte (oder konnte), und dessen Produktqualität den Garantieanforderungen
im industriellen Umfeld entsprochen hätte.

3 Systemaufbau aus Standardkomponenten

3.1 Grundprinzipien

Der Verfasser hält es deshalb für sinnvoll, einmal im Detail zu überprüfen, ob
(und wie) fehlertolerante Leitsysteme aus Standardkomponenten (vorzugsweise
großer Hersteller) aufgebaut werden können, die ursprünglich für den Einsatz in
der allgemeinen Datenverarbeitung gedacht sind. Damit wäre z.B. sichergestellt,
dass die notwendige Grundlagensoftware über eine ausreichende Zeit mitgelie-
fert und gepflegt wird, bei Weiterentwicklung der zugrundeliegenden Prozessoren
und Speicher die „Konfektionierung" des Systems erhalten bleibt und wegen der
Breite des Einsatzes solcher Komponenten auch der Preis in realistischen Grenzen gehalten werden kann.

Ein wichtiger Aspekt ist weiterhin, dass häufig eingesetzte Standardhard-
und -software üblicherweise besser durchgetestet und damit fehlerärmer ist als
Spezialhard- und -software mit geringen Stückzahlen.

Voraussetzung für die Brauchbarkeit einer Hardwarefamilie für den vorgeschlagenen Zweck ist jedoch, dass alle aktiven Komponenten mindestens zwei
(möglichst technisch verschiedene) Anschlussmöglichkeiten für den Datenverkehr
mit anderen Komponenten (nicht notwendigerweise der gleichen Produktfamilie)
besitzen, wie z.B. einen schnellen Parallelbus für schnelle und enge Kommunikation untereinander und einen (meist seriellen) Bus für den Anschluss allgemeiner
Peripheriegeräte.

Außerdem muss sichergestellt sein, dass die einzelnen aktiven Komponenten
im Störungsfall softwaregesteuert völlig abgeschaltet werden können und dass die
Buskoppler rückwirkungsfrei sind. Die Struktur eines daraus zusammengesetzten
Systems wäre zunächst völlig konventionell (Abb. 2).

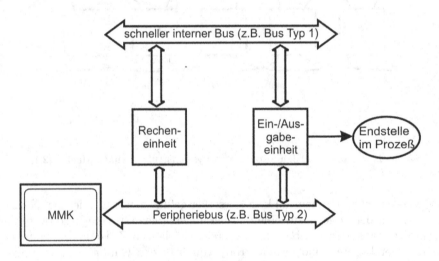

Abb. 2. Einfaches busbasiertes System

Immerhin ist es bereits zwanglos möglich, daraus ein System mit Redundanz
zusammenzusetzen (Abb. 3). Die Identifizierung von Systemfehlern im Betrieb
und die Umschaltung auf die jeweils redundanten Verarbeitungs- oder E/A-
Komponenten müsste durch Software erfolgen, wofür es aber Vorbilder gibt.

Eine Störung auf dem Bus vom Typ 1 würde jedoch ohne weitere (Gegen-)
Maßnahmen immer noch den vollständigen Systemstillstand oder – schlimmer –
ein unentdecktes fehlerhaftes Verhalten des Systems bewirken können.

Ein besonders interessanter Aspekt ergibt sich, wenn die eingesetzten aktiven
Komponenten vier gleichartige Datenports mit ausreichender Geschwindigkeit
(z.B. neuere Versionen von Ethernet oder USB) besitzen. Es wäre dann nämlich
zwanglos möglich, eine Struktur aufzubauen, wie sie in Abschnitt 2.2 beschrieben
ist.

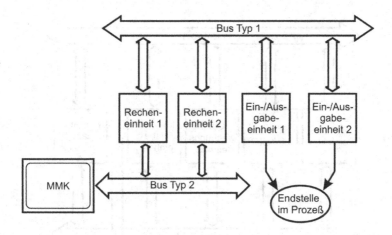

Abb. 3. Einfaches busbasiertes System mit Redundanz

3.2   Maßnahmen zur Fehlererkennung und -kompensation

Hier bietet es sich an, den „Bus Typ 2" sowohl zur Selbstüberwachung des Systems als auch für einen eingeschränkten Datenaustausch bei einer Störung auf dem (schnelleren) Bus zu nutzen. Damit wären zwei wesentliche Aspekte der Fehlertoleranz abgedeckt:

a) Erkennung von Störungen im System und
b) Aufrechterhaltung eines Notbetriebs.

Für die Selbstüberwachung und Rekonfiguration des Systems stünden ebenfalls zwei Wege offen:

a) Es wird ein zusätzlicher Prozessor für Überwachung und Rekonfiguration eingesetzt („Überwachungseinheit") (Abb. 4) und die Ein-/Ausgabeeinheiten werden ebenfalls an den Bus Typ 2 angeschlossen oder
b) diese Aufgaben werden durch zusätzliche Software von denjenigen Prozessoren mit erledigt, die zur Prozessüberwachung und -steuerung dienen, wodurch eine gesonderte Überwachungseinheit entfällt.

Methode b) erfordert sicher mehr Softwareaufwand als a), hat aber nach Ansicht des Verfassers erhebliche Vorteile in Bezug auf „Überlebensfähigkeit" des Gesamtsystems. Führt man nämlich die Überwachung im „umlaufenden Verfahren" durch – d.h. nach jedem erfolgreichen Prüfvorgang wird die Initiative dafür an den nächsten Prozessor weitergegeben – so bleibt auch bei Ausfall eines Prozessors oder eines Buskopplers die Gesamtfunktion des Systems einschließlich der Selbstüberwachung erhalten.

Um ein dabei mögliches Vorgehen zu erläutern, wird zunächst eine Verallgemeinerung von 2 auf n Prozessoren vorgenommen. Ein Prozessor prüft jeweils nur seine unmittelbare Umgebung, d.h. den nächsten Prozessor, die dahin führenden

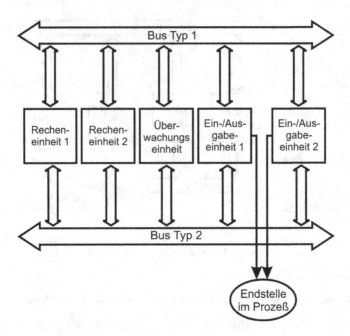

Abb. 4. Fehlertolerantes System mit Überwachungseinheit

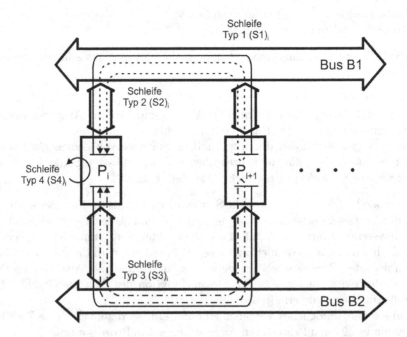

Abb. 5. Die besprochenen Überwachungsvorgänge in einem 2-Bus-System

Tabelle 1. Überwachungsschleifen und ihre Auswertung

Typ	Prüfweg	Ergebnis	Diagnose	Reaktion
$(S1)_i$	$P_i \to B1 \to$ $P_{i+1} \to B2 \to$ P_i	korrekt	Alle Elemente arbeiten korrekt	Weiter mit $(S1)_{i+1}$
		falsch	irgendein Element auf dem Prüfweg ist fehlerhaft	weiter mit $(S2)_i$
$(S2)_i$	$P_i \to B1 \to$ $P_{i+1} \to B1 \to$ P_i	korrekt	Fehler auf B2	Abschaltbefehl für B2; Meldung an Leitstelle; Umkonfiguration
		falsch	Fehler in P_i / B1 / P_{i+1}	weiter mit $(S3)_i$
$(S3)_i$	$P_i \to B2 \to$ $P_{i+1} \to B2 \to$ P_i	korrekt	Fehler auf B1	Abschaltbefehl für B1; Meldung an Leitstelle; Umkonfiguration
		falsch	Fehler in P_i / P_{i+1}	weiter mit $(S4)_i$
$(S4)_i$	Selbsttest P_i	korrekt	Fehler in P_{i+1}	Abschaltbefehl für P_{i+1}; Meldung an Leitstelle; Umkonfiguration
		fehlerhaft	Fehler in P_i	Abschaltbefehl für P_i; Meldung an Leitstelle; Umkonfiguration

beiden Busverbindungen und führt, falls notwendig, einen Selbsttest durch. Diese Überwachungsaufgaben werden jeweils gesonderten „Überwachungsschleifen" zugeordnet. Abb. 5 und Tabelle 1 verdeutlichen diese Organisation der Prüfvorgänge.

Nach Ansicht des Verfassers ist es am zweckmäßigsten, mit Schleifentyp 1 zu beginnen, da es am wahrscheinlichsten ist, dass in keiner Komponente ein Fehler vorliegt. Die Durchführung der anderen Schleifen erübrigt sich dann und man hat in der kürzesten Zeit das ganze System durchgeprüft.

Die vorgeschlagene Struktur erfordert es nicht einmal, dass ein Gesamtsystem aus Komponenten eines Herstellers zusammengesetzt wird, solange sie einen vergleichbaren Aufbau und kompatible Schnittstellen besitzen. Die einzelnen Prozessoren können im Prinzip auch verschiedene Betriebssysteme, verschiedene Programmiersprachen und verschiedene Techniken für die Einzelprüfungen verwenden, etc. Dies trägt wieder zu einem hohen Maß an Diversität bei (Abschnitt 3.3).

3.3 Diversität

Wie schon erwähnt, ermöglicht es der vorliegende Ansatz, eine für die Fehlertoleranz von Systemen sehr wichtige Eigenschaft, die Diversität, in großem Umfang und auf einfache Weise zu realisieren.

Herstellungs- und physikalische Diversität sind schon durch die Natur des hier geschilderten Konzepts notwendigerweise gegeben. Implementationsdiversität kann durch die Verwendung verschiedener Betriebssysteme oder Programmiersprachen (und deren Compiler) leicht realisiert werden. Funktionelle Diversität und Einsatzbedingungsdiversität lassen sich über eine entsprechend ausgerichtete Funktionsverteilung im System sicherstellen.

Damit sind eigentlich alle Fehlerarten erkennbar. Weitergehende Ausführungen zu diesem Thema finden sich in Abschnitt 1.12 in [1].

4   Schlussbemerkungen

Das Verfahren ist natürlich ausbaubar. Es wäre z.B. ein Bausteinsystem vorstellbar, das nicht nur einen (schnellen) parallelen Bus besitzt, sondern zwei. Die grundlegende Funktionalität wäre dann die gleiche, die Überprüfungsvorgänge würden aber schneller ablaufen und prozessbezogene Ein-/Ausgaben wären völlig zwanglos umleitbar.

Außerdem wäre es möglich, parallel zu der Software, die zur Überwachung und Steuerung des technischen Prozesses dient, Prüfsoftware zur Früherkennung von Fehlern im Leitsystem zu betreiben. Damit könnten die Auswirkungen erkannter Fehler schon abgefangen werden, bevor sie irgendein Fehlverhalten des technischen Systems verursachen könnten.

Der Verfasser ist sich bewusst, dass noch erhebliche Konzeptarbeit nötig ist, bevor die vorgeschlagene Struktur praktisch eingesetzt werden kann. Er ist aber überzeugt, dass es sich dabei um ein vielversprechendes Konstruktionsprinzip für preiswerte Systeme handelt, dessen Machbarkeit sehr wahrscheinlich ist, und das im Erfolgsfall einen großen Anwendungsbereich abdecken kann.

Literaturverzeichnis

1. Halang, Wolfgang A., Konakovsky, Rudolf: *Sicherheitsgerichtete Echtzeitsysteme*, Springer-Verlag Berlin Heidelberg, 2. Auflage 2013, ISBN: 364237297X
2. Maehle, Erik, Schmitter, Ernst: *Workshop fehlertolerante Mehrprozessor- und Mehrrechnersysteme*, Erlangen, 14. Okt. 1983; Arbeitsberichte des Instituts für Mathematische Maschinen und Datenverarbeitung (Informatik), 16, 11; Erlangen

Framework für die empirische Bestimmung der Ausführungszeit auf Mehrkernprozessoren

Julian Godesa und Robert Hilbrich

Fraunhofer-Institut für Offene Kommunikationssysteme, FOKUS
Embedded Systems Quality Management (QUEST)
10589 Berlin

julian.godesa@fokus.fraunhofer.de
robert.hilbrich@fokus.fraunhofer.de

Zusammenfassung. Eine hohes Maß an funktionaler Sicherheit eines sicherheitskritischen Systems ist meist auch mit der Forderung nach einem deterministischen Systemverhalten verbunden. Die Entwicklung eines Systems mit deterministischen Verhalten erfordert die Kenntnis der Ausführungszeit aller auszuführenden Anwendungen. Mit der Einführung von Mehrkernprozessoren geraten klassische Verfahren auf Basis einer statischen Analyse zur Bestimmung der Ausführungszeit an ihre Grenzen. In dieser Arbeit werden Erweiterungen zur empirischen Analyse der Ausführungszeit von Anwendungen untersucht. Ein besonderer Schwerpunkt liegt dabei auf dem Hinzunehmen von Architekturwissen über den verwendeten Prozessor sowie der strukturellen Informationen über die verwendeten Eingabedaten. Diese Erweiterungen bilden die Grundlage für die automatisierte Konstruktion eines störenden Kontextes für die zu untersuchende Anwendung. Durch den Einsatz von Störfaktoren wird hierbei eine möglichst lange Ausführungszeit provoziert. Zur Analyse der Wirksamkeit dieses Ansatzes werden die entwickelten Störfaktoren und die verwendete Experimentierplattform zusammen mit ersten Messungen vorgestellt.

1 Einleitung

Komplexe eingebettete Systeme übernehmen in immer mehr Lebensbereichen des Menschen wichtige Steuerungsfunktionen. Damit es unter keinen Umständen zu signifikanten Sachschäden kommt, müssen diese Systeme ein hohes Maß an funktionaler Sicherheit bieten. Neben der funktionalen Korrektheit der Steuersoftware ist auch der Zeitpunkt der Bereitstellung von berechneten Ergebnissen wichtiger Teil dieser Korrektheit [1]. So muss beispielsweise ein Drehwächter für Industrieroboter die Position des Roboterarms periodisch analysieren, um innerhalb einer gegebenen Zeitschranke eine potentielle Gefahr feststellen zu können und ggf. eine sofortige Abschaltung herbeizuführen.

Für die erfolgreiche Entwicklung und Zertifizierung eines sicherheitskritischen Systems muss dessen logisches und zeitliches Verhalten häufig vollständig deterministisch sein. In der Praxis wird dazu oftmals ein deterministischer Ablaufplan

– ein statischer Schedule – zur Steuerung der Ausführung einzelner periodischer Anwendungen eingesetzt. Dieser ist nur dann korrekt, wenn alle Anwendungen hinreichenden Zugang zu Ressourcen erhalten, um ihre Funktionalität innerhalb der vorgegebenen Zeitschranken zu erfüllen. Da ein sicherheitskritisches System die Anforderungen der funktionalen Sicherheit unter *allen Umständen* gewährleisten muss, muss der Ablaufplan genügend Rechenzeit für alle Anwendungen und Eventualitäten bereitstellen. Dies wird erreicht, indem bei der Erstellung des Plans für jede Anwendung die längst mögliche Laufzeit (*Worst-Case Execution Time - WCET*) bestimmt und als Grundlage für die Zuteilung der Ressourcen (z.B. Rechenzeit auf dem Prozessor) verwendet wird [2].

In der Praxis wird die WCET meist mit Hilfe einer statischen Analyse pessimistisch nach oben abgeschätzt. Die zunehmende Komplexität von Prozessoren, die mangelnde Verfügbarkeit von Architektur-Dokumentationen und der Trend zur parallelen Ausführung auf Mehrkernprozessoren führen die etablierten Verfahren der statischen Analyse an ihre Grenzen. Schon bei Einkernprozessoren führen Pipelining und Out-Of-Order Execution zu Ausführungsanomalien, die nur schwer zu modellieren sind [3]. Parallel ausgeführte Anwendungen auf einem Mehrkernprozessor mit gemeinsam genutzten Ressourcen fügen dieser Herausforderung noch eine weitere Komplexitätsdimension hinzu.

Nichtsdestotrotz erfordert die zunehmende Funktionskomplexität von Softwarekomponenten immer mehr Leistung von Hardware, die gegenwärtig nur durch die Nutzung von Mehrkernprozessoren realisiert werden kann [4]. Daraus ergibt sich eine zentrale Herausforderung für die Entwicklung von Echtzeitsystemen in sicherheitskritischen Bereichen: *Wie kann das Zeitverhalten von Anwendungen auf Mehrkernprozessoren sinnvoll und effizient ermittelt werden?*

2   Erweiterte empirische Analyse einer operativen WCET

Da Verfahren der *statischen* Analyse zur Ermittlung der WCET an ihre Grenzen stoßen, ist zu untersuchen, inwieweit alternative Ansätze, z.B. auf der Basis von *empirischen* Messungen am realen System, erweitert und für die Entwicklung in der Praxis eingesetzt werden können. Insbesondere bei den hier untersuchten empirischen Verfahren steht dann allerdings das ermittelte Laufzeitverhalten nicht mehr für die *echte* WCET im Sinne einer pessimistischen, oberen Schranke. Stattdessen basieren die Ergebnisse auf konkreten Beobachtungen, so dass wir den Begriff *operative WCET* verwenden, um diesen Unterschied kenntlich zu machen. Im Folgenden wird die Entwicklung einer Analyseumgebung zur automatisierten Ermittlung der operativen WCET vorgestellt, welche im Rahmen einer Diplomarbeit an der Humboldt-Universität zu Berlin in Kooperation mit dem Fraunhofer-Institut FOKUS entstanden ist. Das Ziel der Arbeit bestand darin, die bestehenden empirischen Ansätze zur Bestimmung der Ausführungszeit um Informationen über die Prozessorarchitektur und die Struktur der Eingabedaten zu erweitern und damit gezielt möglichst lange Ausführungszeiten hervorzurufen. Ein weiterer Schwerpunkt der Arbeit bestand in der weitestgehenden Automatisierung dieser empirischen Analyse, um auch die Praxistauglichkeit und

Wiederholbarkeit dieses Verfahrens zu gewährleisten. Als Evaluationsplattform wird der Mehrkernprozessor *Freescale QorIQ P4080* mit acht Kernen in Verbindung mit dem Echtzeitbetriebssystem *WindRiver VxWorks 6.9* verwendet. Eine genaue Beschreibung der Evaluationsplattform ist in Abschnitt 5 zu finden.

2.1 Erweiterung der WCET

Grundlegend basiert die Experimentierumgebung auf der Annahme, dass die operative WCET von Anwendungen auf Mehrkernprozessoren einerseits von der Wahl der Eingabeparameter abhängig ist, die einen konkreten Ausführungspfad innerhalb der Anwendung bestimmen. Darüber hinaus wird die Laufzeit durch Wartezeiten beim Zugriff auf gemeinsame Ressourcen eines Mehrkernprozessors beeinflusst, die parallel von anderen Anwendungen verwendet werden. Diese Annahmen sind in folgender Definition festgehalten:

Definition 1. *Die dynamisch ermittelte* **operative WCET** *einer Anwendung t_0 ist die längste gemessene Ausführung unter Verwendung unterschiedlicher Belegungen e der Eingaben E, ausgeführt auf der Zielplattform Z unter dem Einfluss einer parallelen Ausführung von Anwendungen $T - \{t_0\}$. Die Zuordnung einer Anwendung t_i zu einem Rechenkern z_j wird durch die Funktion $m(i) = j$ definiert.*

$$
\begin{aligned}
WCET_{operativ}(T, E, Z, m) = \max\{ & \\
time(t_0 \parallel \ldots \parallel t_n, \; e, \; Z) \; | & \\
e \in E, \; t_{0\ldots n} \in T, \; m(t_i) = z_j \; \}. &
\end{aligned}
\tag{1}
$$

2.2 Identifikation von Störfaktoren

Um die operative WCET einer zu messenden Anwendung näher an die *echte* WCET zu bringen, wird das Verfahren durch den Einsatz von *Störfaktoren* erweitert. Ein Störfaktor ist eine Anwendung, die gemeinsam verfügbare Ressourcen gezielt verwendet und so die Laufzeit einer parallel ausgeführten Anwendung indirekt beeinflusst.

Hierzu müssen in einem ersten Schritt mögliche Interferenzen zwischen Anwendungen auf dem eingesetzten Mehrkernprozessor identifiziert werden. Interferenzen können sich nur über gemeinsam genutzte Ressourcen auf dem Prozessor ergeben. Eine genaue Analyse der Architektur des verwendeten Prozessors bezüglich gemeinsam verwendeter Ressourcen bildet daher den Startpunkt für die Entwicklung geeigneter Störfaktoren. Mit Hilfe dieser Störfaktoren sollten die ermittelten Interferenzen möglichst effektiv ausgelöst werden können.

Schon die nebenläufige Ausführung von Anwendungen auf einem Einkernprozessor kann Einfluss auf das Laufzeitverhalten der Anwendung haben, zum Beispiel indem die Anwendungen abwechselnd die Inhalte im Zwischenspeicher überschreiben. Auf einem Mehrkernprozessor können Interferenzen durch die Verwendung der folgenden, häufig gemeinsam genutzten, Ressourcen auftreten [5]:

- Der gemeinsam verwendete Last-Level Cache
- Die Prefetching Hardware
- Der Front-Side Bus
- Der DRAM-Controller

Auf dieser Basis wurden zwei Störfaktoren entworfen, die mit Hilfe der Experimentierumgebung auf deren Effektivität hin untersucht wurden. Je stärker die Ausführungszeit der untersuchten Anwendung durch einen Störfaktor verlängert werden konnte, desto effektiver arbeitete dieser. Ein Überblick über die entwickelten Störfaktoren ist in Abschnitt 4 zu finden.

3 Vorstellung der Experimentierumgebung

Da bei der Ermittlung der operativen WCET die zu messende Anwendung auf der realen Zielplattform ausgeführt wird, ist dieser Prozess mit einem realen Zeitaufwand verbunden, den es für eine effiziente Entwicklung zu minimieren gilt. Hierfür versucht die Experimentierumgebung den Benutzer beginnend von der Beschreibung einer durchzuführenden Messung über die Ausführung bis hin zur Auswertung zu unterstützen und wenn möglich Aufgaben automatisiert durchzuführen. Die Experimentierumgebung selbst besteht aus folgenden Komponenten:

NoizdPlugin: Das NoizdPlugin stellt die Schnittstelle zwischen Benutzer und Experimentierumgebung dar. Das NoizdPlugin ist ein Eclipse-Plugin [6], welches selbst wiederum eine Reihe an Plugins verwendet. Das zentrale Plugin ist dabei der Eingabeeditor, mit dessen Hilfe eine Messung beschrieben wird. Ein Plugin zur Visualisierung und Auswertung der ermittelten Laufzeiten ist ebenfalls enthalten.

NoizdDaemon: Der NoizdDaemon ist ein Stellvertreterprogramm, welches auf dem Zielsystem vor der Durchführung einer Messung gestartet werden muss. Das Programm nimmt die Daten und Befehle des NoizdPlugins entgegen und sorgt für ein geordnetes Starten der auszuführenden Anwendungen. Es ist grundsätzlich möglich, mehrere Zielsysteme für eine Messung zu verwenden.

NoizdLib: Die NoizdLib ist das Verbindungsglied zwischen einer auszuführenden Anwendung und den restlichen Komponenten der Experimentierumgebung. Es ist eine Programmbibliothek, welche die auszuführende Anwendung „umhüllt". Eine mit der NoizdLib gelinkte Anwendung wird zur Unterscheidung im Folgenden als *Agent* bezeichnet. Die zu messende Anwendung wird gesondert als *SUT* (für „Software Under Test") gekennzeichnet.

Die Kommunikation der einzelnen Komponenten zur Durchführung einer Messung ist in Abbildung 1 dargestellt. Es wird zwischen der Experimentierplattform, von der aus die Messung gestartet wird und der Zielplattform, auf der die Messung durchgeführt wird, unterschieden. Das NoizdPlugin überträgt in einem ersten Schritt die Agenten auf das Zielsystem. Diese Daten werden vom NoizdDaemon entgegengenommen und zur Ausführung gebracht. Über ein auf TCP/IP basierendes Kommunikationsprotokoll sendet nun das NoizdPlugin den

Agenten Befehle, dass die Ausführung der Anwendung beginnen kann. Nachdem das SUT das Beenden der zu messenden Anwendung gemeldet hat, wird die Ausführung der Agenten beendet und das Ergebnis der Messung ausgewertet. Das NoizdPlugin kann für die Ausführung einer Anwendung existierende Eingabedaten verwenden oder diese zufällig erzeugen. Des Weiteren kann das NoizdPlugin auch automatisch nach einer Belegung der Eingabedaten suchen, welche zu einer möglichst langen Laufzeit der zu messenden Anwendung führen.

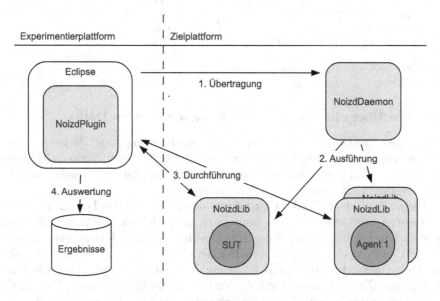

Abb. 1. Kommunikation der einzelnen Komponenten

Hierfür wird ein *evolutionärer Algorithmus* verwendet [7]. Es wird lediglich die Definition der Wertebereiche für die Eingabeparameter vom Benutzer benötigt. Die Suche nach konkreten Werten, die zu möglichst langen Ausführungszeiten führen, wird durch das NoizdPlugin automatisch durchgeführt. In Listing 9.1 und 9.2 ist eine solche Definition bzw. die erzeugte Belegung dargestellt. Zur Messung der Laufzeit wird auf die Funktion `getticks()` von dem FFTW-Projekt [8] zurückgegriffen. Diese Funktion liefert bei einem Aufruf einen Zeitstempel, mit Hilfe dessen die Laufzeiten verglichen werden können.

4 Vorstellung der Störfaktoren

Die Experimentierumgebung ermöglicht eine einfache parallele Ausführung von mehreren Agenten, wovon einer die zu messende Anwendung ist. Um die Ausführung der SUT möglichst stark negativ zu beeinflussen, sind im Rahmen dieser Diplomarbeit zwei Störfaktoren entwickelt worden: Der *CacheTrasher* (kurz CT) und der *DatarateTrasher* (kurz DT).

Listing 9.1. Definition von Eingaben

```
input random {
  delimiter = "\n"
  seeds { 123456 }
  definition {
    int [5] range 0 to 15
    /* comment */
    float range −9.1 to 12.0
    "not true"
    bool value = true
    bool [2] value = false
  } }
```

Listing 9.2. Erzeugte Eingaben

```
6
14
15
7
4
/* comment */
0.7056636
not true
true
false
false
```

4.1 Das Überschreiben von zwischengespeicherten Daten

Dem ersten Störfaktor liegt eine einfache Annahme zugrunde: Je mehr Daten einer Anwendung im Zwischenspeicher überschrieben werden, desto mehr Daten müssen bei einem erneuten Zugriff aus dem Hauptspeicher nachgeladen werden. Dies verlängert die Laufzeit einer Anwendung.

Hierzu greift der Störfaktor lesend und dann schreibend auf die Elemente einer Liste zu. Die Größe der Liste kann durch die Variable `arraySize` kontrolliert werden. Um möglichst schnell den spezifizierten Speicherplatz zu belegen wird versucht, auf nur ein Datum innerhalb einer Cache-Line zuzugreifen. Dies wird durch ein Überspringen einzelner Elemente der Liste erzielt. Wie viele Elemente übersprungen werden, wird durch die Variable `cacheline` definiert. Die Anzahl der Zugriffe kann über die Variable `numberOfAccess` konfiguriert werden.

Listing 9.3. Der CacheTrasher Algorithmus

```
for (i=0; i<numberOfAccess; i++) {
  array[(i * cacheline) & (arraySize −1)]++;
}
```

4.2 Das Belegen des Bussystems und des Speicher-Controllers

Der zweite Störfaktor versucht durch häufige Speicheranfragen den Speicher-Controller sowie das Interconnect (die Kommunikationsverbindung zwischen den Kernen auf dem QorIQ P4080 Prozessor) zu belasten. Da der Speicher-Controller um ein Vielfaches langsamer arbeitet als ein Rechenkern werden mehrere Daten vom Speicher-Controller in Blöcken gesendet. Dadurch bleibt die Latenz gleich, aber die Datenrate steigt. Der Datarate-Trasher nutzt diese Datenparallelität aus, um möglichst viele Speicheranfragen an den Speicher-Controller zu senden. Anhand der Variable `numberOfLists` kann die zu verwendende „Parallelität" eingestellt werden. Jede Liste enthält entweder eine zufällige oder geordnete Reihenfolge von Positionen, welche angeben, wie über die Liste iteriert werden

Listing 9.4. Der DatarateTrasher Algorithmus

```
TYPE **list = ...;
TYPE *next = ...;
for (i=0; i<iterations; i++) {
  switch (numberOfLists) {
    case 18:
    next[17] = list[17][next[17]];
    ...
    case 1:
    next[0] = list[0][next[0]];
} }
```

soll. Sind die Listen mit einer zufälligen Reihenfolge initialisiert, so werden in kürzester Zeit mehrere Lesezugriffe auf unabhängige Daten an den Controller gesendet.

5 Das Zielsystem: QorIQ P4080 und VxWorks 6.9

Die Hardwareplattform *QorIQ P4080* verwendet acht gleiche Rechenkerne, die den PowerPC Befehlssatz implementieren. Sie sind mit 1,2 GHz getaktet. Jeder Rechenkern besitzt einen privaten L1 Daten- sowie Befehlscache mit einer Speichergröße von jeweils 32 KByte. Zusätzlich verfügt jeder Rechenkern über einen privaten L2 Cache der Größe 128 KByte. Laut Referenzhandbuch beträgt die Größe einer Cache-Line 64 Byte [9]. Die einzelnen Kerne sind über ein Crossbar-Switch miteinander verbunden. Zwischen dem Interconnect und den beiden DDR2/3 Speicher-Controllern befinden sich jeweils 1 MByte große L3 Caches, die von den Rechenkernen gemeinsam verwendet werden. Die eingesetzte Plattform verwendet 4 GByte an DDR3 Speicher.

Als Betriebssystem wird das Echtzeit-Betriebssystem VxWorks 6.9 von Wind-River eingesetzt. Durch die Verwendung sogenannter „Real-Time Prozesse" (kurz RTP) laufen die Anwendungen nicht mehr im Kernelmodus, sondern werden im Benutzermodus ausgeführt. Im Gegensatz zu Kernel-Tasks, die ohne Schutzvorkehrungen auf den gesamten Speicher Zugriff haben, kann eine RTP Anwendung nur seinen eigenen Speicherbereich verwenden. Die evaluierten Störfaktoren wurden als solche RTP Anwendungen implementiert.

6 Durchgeführte Experimente

Um die Anwendbarkeit des Ansatzes einer operativen WCET Ermittlung evaluieren zu können, wurde mit Hilfe der Experimentierumgebung die Effektivität der vorgestellten Störfaktoren evaluiert. Aus Platzgründen wird hier auf die Darstellung der durchgeführten Experimente zum Datarate-Trasher verzichtet und näher auf das Belegen des gemeinsam verwendeten Zwischenspeichers eingegangen.

6.1   Referenzmessung

Für die folgenden Experimente wird als SUT der Algorithmus aus Listing 9.3 verwendet. In einer ersten Referenzmessung wird die Laufzeit ohne Beeinflussung durch Störfaktoren gemessen. Hierbei wird die Größe der zu durchlaufenden Liste schrittweise verdoppelt (von 1 KByte bis 8 MByte). Die Anzahl der Speicherzugriffe wird bei jeder Messung beibehalten (`numberOfAccess = 524288`). Insgesamt werden 14 Laufzeiten ermittelt, mit gleicher Anzahl an Zugriffen, aber unterschiedlicher Listengröße.

Beschränken sich die Datenzugriffe auf den L1-Zwischenspeicher, so beträgt die Laufzeit 419433 Ticks (1KB). Wird auf Daten zugegriffen, die sich im L2-Zwischenspeicher befinden, steigt die Laufzeit auf 628434 Ticks (64KB). Dies entspricht einem Faktor von 1,49 gegenüber der Laufzeit im Falle des L1-Caches. Wird der L3-Cache verwendet, so steigt die Laufzeit auf 3528208 Ticks (8MB). Dies entspricht einem Faktor von 8,41.

6.2   Belegen von privatem Zwischenspeicher

Um einen möglichen Einfluss der Störfaktoren abschätzen zu können, wird das obige Experiment wiederholt, wobei diesmal sechs Störfaktoren parallel zur SUT ausgeführt werden. Die Störfaktoren verwenden den gleichen Algorithmus, wobei einmal 32 KByte und in einem weiteren Experiment 128 KByte an Speicherplatz belegt werden. In Abbildung 2 sind die Laufzeiten der Messungen in Ticks angegeben. Die Linie *Referenzmessung* ist die Laufzeit ohne Störfaktoren. Die beiden anderen Linien geben die Laufzeiten unter Beeinflussung wieder. Wie zu erwarten gelang es den Störfaktoren nicht, die Ausführung einer Anwendung zu stören, die nur auf Daten zugreift, die im privaten Zwischenspeicher liegen.

6.3   Belegen von gemeinsam verwendeten Zwischenspeicher

Das Experiment mit den sechs Störfaktoren wurde wiederholt, wobei nun die Störfaktoren jeweils 1 MByte, 2 MByte und dann 4 MByte an Speicherplatz belegen sollen. In Abbildung 3 sind die Laufzeitmessungen der SUT unter Beeinflussung dargestellt. Es ist zu erkennen, dass die Störfaktoren das SUT erfolgreich beeinflussen, wenn dieses auf Daten in dem gemeinsam verwendeten L3-Cache zugreift (ab 128KB). Die größte Beeinflussung durch die sechs Störfaktoren ist schon bei der Verwendung von 512 KByte erreicht. Die Laufzeit der SUT verlangsamt sich auf 7373440 Ticks, was einem Faktor von 5,43 entspricht. Hierbei verwenden die Störfaktoren jeweils 4 MByte an Daten. Die längste Ausführungsdauer wurde beobachtet, als sowohl die Störfaktoren als auch das SUT auf 2 MByte an Daten zugriffen (7785542 Ticks).

7   Fazit

Die hier vorgestellten Störfaktoren sind ein erster Schritt in Richtung einer verbesserten dynamischen Bestimmung der WCET. Ihre Wirksamkeit wurde in

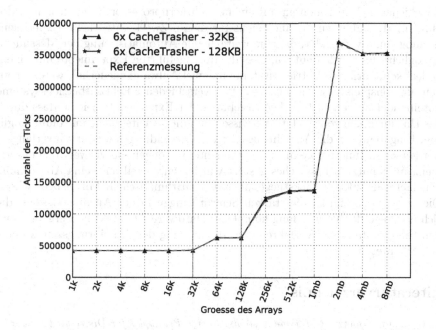

Abb. 2. Belegen von privatem Zwischenspeicher

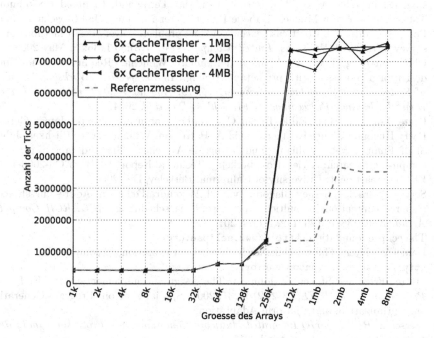

Abb. 3. Belegen von gemeinsam verwendeten Zwischenspeicher

verschiedenen Experimenten auf einem Mehrkernprozessor untersucht und dokumentiert. Dabei wurde eine eigens für diesen Zweck entwickelte Experimentierumgebung verwendet, die eine weitgehende Automatisierung der Messungen ermöglicht. Es wurde deutlich, dass die durchgeführten Experimente mit einem anders konfigurierten Betriebssystem ohne viel Aufwand wiederholt werden können, um beispielsweise die Eigenschaften verschiedener Echtzeitbetriebssysteme miteinander zu vergleichen. Die Ergebnisse der Experimente zeigen, dass durch das Hinzunehmen von Architekturwissen und die gezielte Suche im Raum möglicher Eingabewerte, die Ausführungszeit von Anwendungen wesentlich verlängert werden kann. Innerhalb einiger Experimente, bei denen die Verwendung des gemeinsam genutzten L3-Caches gestört wurde, wurde teilweise eine Abweichung von mehr als 300000 Ticks gegenüber dem arithmetischem Mittel beobachtet. Dies zeigt noch einmal die starken Schwankungen in der Ausführungszeit, die sich als Folge der Verwendung komplexer Hardware-Architekturen ergeben und den Einsatz statischer Verfahren zur Abschätzung der Ausführungszeit wesentlich erschweren.

Literaturverzeichnis

1. Hermann Kopetz. *Real-Time Systems: Design Principles for Distributed Embedded Applications*. Kluwer Academic Publishers, Norwell, MA, USA, 1st edition, 1997.
2. Reinhard Wilhelm, Jakob Engblom, Andreas Ermedahl, Niklas Holsti, Stephan Thesing, David Whalley, Guillem Bernat, Christian Ferdinand, Reinhold Heckmann, Tulika Mitra, Frank Mueller, Isabelle Puaut, Peter Puschner, Jan Staschulat, and Per Stenström. The worst-case execution-time problem – overview of methods and survey of tools. *ACM Trans. Embed. Comput. Syst.*, 7(3):36:1–36:53, May 2008.
3. Christoph Berg, Jakob Engblom, and Reinhard Wilhelm. Requirements for and design of a processor with predictable timing. In *Perspectives Workshop: Design of Systems with Predictable Behaviour, 16.-19. November 2003, volume 03471 of Dagstuhl Seminar Proceedings*. IBFI, Schloss Dagstuhl, 2004.
4. Krste Asanovic, Ras Bodik, Bryan Christopher Catanzaro, Joseph James Gebis, Parry Husbands, Kurt Keutzer, David A. Patterson, William Lester Plishker, John Shalf, Samuel Webb Williams, and Katherine A. Yelick. The landscape of parallel computing research: A view from berkeley. Technical Report UCB/EECS-2006-183, EECS Department, University of California, Berkeley, Dec 2006.
5. Sergey Zhuravlev, Sergey Blagodurov, and Alexandra Fedorova. Addressing shared resource contention in multicore processors via scheduling. *SIGARCH Comput. Archit. News*, 38(1):129–142, March 2010.
6. The eclipse foundation. http://www.eclipse.org/.
7. Daniel W. Dyer. The watchmaker framework for evolutionary computation. http://watchmaker.uncommons.org.
8. Matteo Frigo and Steven G. Johnson. The design and implementation of FFTW3. *Proceedings of the IEEE*, 93(2):216–231, 2005. Special issue on "Program Generation, Optimization, and Platform Adaptation".
9. Freescale. *P4080 QorIQ Integrated Multicore Communication Processor Family Reference Manual*, g edition, April 2010.

Statistische Parametersynthese für hybride Systeme

Christian Schwarz

Universität Koblenz-Landau
`chrschwarz@uni-koblenz.de`

Zusammenfassung. Dieser Artikel behandelt das Parametersynthese-Problem für hybride Systeme. Für ein parametrisiertes Modell und eine Sicherheitsbedingung wird eine sichere Teilmenge einer potentiell unsicheren Parametermenge gesucht. Im Gegensatz zu bestehenden symbolischen Ansätzen, werden dabei statistische Methoden eingesetzt. Dadurch können Unsicherheiten im Modell probabilistisch dargestellt werden und Systeme mit beliebiger Dynamik analysiert werden. Die vorgeschlagene Methode wurde prototypisch implementiert und anhand einer Echtzeitanwendung evaluiert.

1 Einleitung

Echtzeitsysteme werden häufig in sicherheitskritischen Umgebungen, wie zum Beispiel der Avionik oder der Automobil-Elektronik eingesetzt. Da ein Ausfall katastrophale Konsequenzen haben kann, spielt dabei die Korrektheit des Systems eine besonders große Rolle und daher ist ihre Validierung besonders wichtig. Allerdings müssen alle Validierungsmethoden mit der zusätzlichen Komplexität umgehen können, die durch die Echtzeitanforderungen entsteht. In der Praxis werden hauptsächlich Testverfahren eingesetzt, die jedoch nur ein informelles Gefühl von Vertrauen in das getestete System liefern.

Hybride Automaten (HA, [7]) sind eine formale Sprache zur Modellierung von Echtzeitsystemen und eingebetteten Systemen. Neben ihrer formalen Syntax, zeichnen Sie sich durch eine formale Semantik aus und sind daher mathematischen Methoden wie *model checking* (MC, [4]) zugänglich. Im Gegensatz zu Testverfahren, mit denen nur Fehler gefunden werden können, erlaubt MC die Korrektheit eines Modells bezüglich einer gegebenen temporal-logischen Spezifikation zu beweisen. Ausserdem erzeugt MC im Falle eines fehlgeschlagenen Verifikationsversuchs ein konkretes Gegenbeispiel, das als Testfall und zur Behebung des Fehlers verwendet werden kann. Sicherheitsanalyse von Hybriden Automaten ist ein in der Literatur gut untersuchtes Thema und es existiert eine große Anzahl von Tools zu diesem Zweck (z. B. UPPAAL [2]). Allerdings haben Henzinger et al. in [9] gezeigt, dass schon das Erreichbarkeitsproblem PSPACE-vollständig ist, selbst wenn die System-Dynamik auf lineare Funktionen eingeschränkt wird. Es existiert eine Vielzahl von Heuristiken (z. B. CEGAR [3]) um dieses Problem zu umgehen, aber Anwendungen im industriellem Maßstab können selbst mit ihnen nicht gehandhabt werden.

Häufig ist es wünschenswert, nicht nur zu zeigen, dass ein gegebenes konkretes System sicher ist, sondern für ein parametrisiertes Modell eine Menge
von Parametern zu finden, für die sich das System stets wie gewünscht verhält.
Dies kann beispielsweise während des Systemdesigns hilfreich sein, um ausgehend von Anforderungen Aussagen über die Spezifikation von Komponenten zu
treffen oder Parameter wie die benötigte Periodizität eines Kontrollprozesses zu
bestimmen. Dieses Problem wird Parametersynthese genannt und ist im Allgemeinen noch aufwendiger als *model checking*. In der Literatur finden sich verschiedene formale Ansätze, die unter den gleichen Skalierungsproblemen leiden
wie die Erreichbarkeitsprüfung ([6, 10]). Andere Arbeiten basieren wie [5] auf
Testmethoden und liefern daher keine quantitativen Aussagen über die Verlässlichkeit der Ergebnisse; oder schränken wie [1] die untersuchte Sprachklasse auf
determinierte Systeme ein.

Es gibt Arbeiten, um der Komplexität und den Einschränkungen des Erreich-
barkeitsproblems mit Hilfe von statistischen Methoden wie *statistischem MC*
(SMC, [12,14]) zu bewältigen. Diese Methoden verzichten im Gegensatz zu symbolischen Methoden wie probabilistischem MC [11] auf eine absolute Antwort,
und beweisen oder widerlegen stattdessen eine probabilistische Aussage: Die
Wahrscheinlichkeit, dass eine zufällige Systemausführung unerwünschtes Verhalten zeigt, ist kleiner als ein gegebenes p_{max} mit einem Konfidenzniveau von
$1 - \alpha$. Obwohl dies eine echt schwächere Aussage ist, erlaubt dieses Vorgehen,
viele Systeme zu untersuchen, die traditionellem MC nicht zugänglich sind. Nach
bestem Wissen des Autors, gibt es bisher keinen Versuch, solche Methoden zu
nutzen, um sichere Parametermengen für Hybride Automaten zu bestimmen. In
diesem Artikel wird eine solche Erweiterung entwickelt und evaluiert.

2   Parametrisierbare stochastische Hybride Automaten

In der Literatur gibt es eine Vielzahl von Formalismen für stochastische hybride
Systeme, die sich hauptsächlich darin unterscheiden, an welchen Stellen stochastische und nicht-deterministische Zustandsübergänge zugelassen werden. [8]
gibt hier einen umfassenden Überblick. In diesem Papier wird eine Klasse von
stochastischen Hybriden Automaten betrachtet, die parametrisierbar und einfach simulierbar ist. Es wird nicht eingeschränkt, an welchen Stellen Parameter
auftauchen dürfen, sie dürfen wie numerische Konstanten in allen Ausdrücken
verwendet werden. Für eine einfache Simulierbarkeit wird nicht-stochasitischer
Nicht-Determinismus ausgeschlossen, darüberhinaus findet jegliche stochastische
Wahl beim Zustandsübergang statt, so dass das Verhalten innerhalb eines Zu-
standes vollständig determiniert ist. Im Folgenden wird eine solche Klasse stochastischer Hybrider Automaten formal definiert.

Definition 1 *Ein parametrisierbarer stochastischer hybrider Automat (PSHA)*
$\mathcal{H}$ *ist ein Tupel*

$$\mathcal{H} = (X, P, Q, \Sigma, E, \text{Guard}, \text{Reset}, \text{Inv}, \text{Flow}, (s_0, v_0), \text{Unsafe})$$

mit X, P, Q, Σ paarweise disjunkt und

- X *einer endlichen, geordneten Menge von Variablen (und $n := |X|$),*
- P *einer endlichen, geordneten Menge von Parametern (und $m := |P|$),*
- Q *eine endliche Menge von Knoten,*
- Σ *eine endliche Menge von Synchronisierungslabels,*
- $E \subseteq Q \times \Sigma \times Q$ *eine Menge von Kanten,*
- Guard : $(E \times \mathbb{R}^m) \to \mathbb{R}^n$ *eine Beschriftung, die jeder Kante abhängig von der Parametrisierung eine Guardbedingung zuordnet,*
- Reset : $(E \times \mathbb{R}^m) \to (\mathbb{R}^n \times \mathbb{R}^n \to [0,1])$ *eine Beschriftung, die jeder Kante abhängig von der Parametrisierung eine Wahrscheinlichkeitsverteilung zwischen zwei Variablenbelegungen zuordnet,*
- Inv : $(Q \times \mathbb{R}^m) \to \mathbb{R}^n$ *eine Beschriftung, die jedem Knoten abhängig von der Parametrisierung eine Invariante zuweist,*
- Flow : $(Q \times \mathbb{R}^m) \to ((\mathbb{R}^n \times \mathbb{R})+ \to \mathbb{R}^n)$ *eine Beschriftung, die jedem Knoten abhängig von der Parametrisierung eine Funktion zuweist, die den kontinuierlichen Fluss beschreibt,*
- $(s_0, v_0) \in Q \times \mathbb{R}^n$ *ein Startzustand,*
- Unsafe $\subseteq Q \times \mathbb{R}^n$ *eine Menge von unsicheren Zuständen*

Sei $\mathcal{H}$ ein PSHA mit Parametermenge P und $m = |P|$ Parametern, dann heißt $s \in \mathbb{R}^m$ eine *Parametrisierung* von $\mathcal{H}$. Ferner ist $\mathcal{H}(s)$ einer stochastischer Hybrider Automat ohne Parameter, der gebildet wird, indem jeder Parameter $p_i \in P$ durch die entsprechende Komponente s_i ersetzt wird. $\mathcal{H}(\mathcal{A})$ mit $\mathcal{A} \subseteq \mathbb{R}^m$ ist eine Menge von konkreten stochastischen hybriden Automaten mit $\mathcal{H}(\mathcal{A}) = \{\mathcal{H}(s) \mid s \in \mathcal{A}\}$.

Seien $\mathcal{H}_1$ und $\mathcal{H}_2$ PSHA, dann heißt $\mathcal{H}_1 \times \mathcal{H}_2$ ihr *Parallelprodukt*. Es verhält sich so, als würden $\mathcal{H}_1$ und $\mathcal{H}_2$ parallel ausgeführt. Die beiden Komponenten agieren dabei unabhängig von einander, mit zwei Ausnahmen: Falls sich $\mathcal{H}_1$ und $\mathcal{H}_2$ ein Synchronisierungslabel teilen, dann können beide Automaten eine mit diesem Label beschriftete Kante nur dann nehmen, wenn dies auch der andere zur selben Zeit tut. Ausserdem können sich beide Automaten Variablen teilen. Parallelkomposition von mehreren Automaten erlaubt es, Komponenten des Gesamtsystems du identifizieren und unabhängig voneinander zu modellieren.

Aus Platzgründen kann an dieser Stelle keine vollständige Definition der Semantik von PSHA gegeben werden. Für diesen Artikel ist lediglich wichtig, dass zu einem PSHA $\mathcal{H}$ und einer Parametrisierung s ein SHA $\mathcal{H}(s)$ ohne Parameter gebildet werden kann und dass ein solcher konkreter SHA effektiv simuliert werden kann. Die vollständige Semantik einer Überklasse der hier vorgestellten Automaten ist in [8] zu finden.

3 Statistische Parametersynthese

Die in diesem Artikel vorgeschlagene Methode der statistischen Parametersynthese besteht aus zwei Teilen. Zunächst wird ein Kandidat für eine sichere Parametermenge berechnet. Dann wird überprüft, ob diese Kandidatenmenge wirklich sicher ist.

Im ersten Schritt wird der Parameterraum abgetastet und es werden konkrete Instanzen des parametrisierten Modells simuliert. Dann wird versucht, eine Teilmenge des Parameterraums zu finden, für den keine der simulierten Ausführungen die gegebene Sicherheitsbedingung verletzt hat. Im zweiten Schritt, wird die gefundene Parametermenge überprüft. Dies wird mit Hilfe eines einfachen statistischem Model-Checking Algorithmus realisiert. Im Unterschied zu der traditionellen Methode kann im Fall einer fehlgeschlagenen Validierung der Kandidat verfeinert werden, worauf hin der Validierungsprozess neu gestartet wird. Algorithmus 1 beschreibt die vorgeschlagene Methode als Pseudocode. Im Folgenden wird nun auf einige der Details eingegangen.

Eingabe : ein PSHA $\mathcal{H}$, eine Menge möglicher Parametrisierungen $\mathcal{A}$, die
maximale Fehlerfahrscheinlichkeit p_{max}, ein Konfidenzniveau
$1 - \alpha$
Ausgabe: Eine bezüglich p_{max} und α sichere Parametermenge $\mathcal{A}'$ für $\mathcal{H}$
$N \leftarrow \frac{\ln(\alpha)}{\ln(1 - p_{max})}$
$\mathcal{A}' \leftarrow \mathcal{A}$
while *True* **do**
    Loop N **times**
        $s \leftarrow$ randomsample$(\mathcal{H}, \mathcal{A}')$
        if sicher (simuliere $(\mathcal{H}(s)))$ **then**
          | $F[s] \leftarrow 1$
        else
          | $F[s] \leftarrow 0$
        end
    end
    if $|\{s \mid F[s] = 0\}| = 0$ **then return** $\mathcal{A}'$
    $C_1 \ldots C_i, C_{i+1}, \ldots C_m \leftarrow$ klassifiziere (F)
    $\mathcal{A}' = \bigcup C_i$
end

Algorithm 1: Statistische Parameteranalyse

3.1 Sicherheit einer Ausführung

Wenn eine konkrete Ausführungsspur, also eine Folge von Zuständen, gegeben ist, ist es in der Regel problemlos möglich zu überprüfen, ob diese eine spezifizierte Eigenschaft hat. In diesem Artikel werden nur Sicherheitsbedingungen behandelt, also die Nicht-Erreichbarkeit einer Teilmenge der Zustände. Dabei wird für jeden einzelnen erreichten Zustand geprüft, ob er sicher ist. Ist dies der Fall, ist die Ausführung sicher, anderenfalls ist sie unsicher.

3.2 Die Klassifizierungsmethode

Die Klassifizierungsmethode dient dazu, den Parameterraum nach der Ausführung der Simulationen in zwei Teile zu partionieren: *sicher* und *potentiell unsi-*

cher. Der als sicher klassifizierte Teil soll nur Parameter enthalten, die zu sicheren Ausführungen gehören, und möglichst groß sein. Diese Partition wird der nächste Kandidat für eine Lösung. In dem als potentiell unsicher klassifizierten Teil dürfen sowohl sichere als auch unsichere Parameter vorkommen. Daneben ist es wünschenswert, dass die Klassifizierungsmethode analytisch einfach beschreibbare Primitive erzeugt, da diese einfacher visuell dargestellt und weiterverarbeitet werden können.

Die folgende Klassifizierungsmethode erfüllt diese Anforderungen: Es wird eine Voronoi-Zerlegung des Parameterraums erzeugt. Eine Voronoi-Zerlegung ist eine Menge von Zellen, wobei jede Zelle von einem Zentrum bestimmt wird. Ein Punkt gehört zu einer Zelle genau dann, wenn er näher am Zentrum dieser Zelle als am Zentrum einer anderen Zelle liegt. Einige der Zellen werden als unsicher und andere als sicher bezeichnet. Um die Zentren der Zellen zu finden, wird ein Bergsteiger-Algorithmus eingesetzt. Ein Bergsteiger-Algorithmus ist ein einfaches, heuristisches Optimierungsverfahren, das ausgehend von einer Kandidatenlösung kleine Variationen ausführt und solche Änderungen übernimmt, die die Bewertung der Lösung durch eine gegebene Bewertungsfunktion verbessern. So wird schließlich ein (lokales) Maximum gefunden.

In der in dieser Arbeit verwendeten Ausprägung, wird als Variation jeweils ein einzelnes Zentrum verschoben, wobei kleine Änderungen wahrscheinlicher sind als große. Als Bewertungsfunktion wird folgende Funktion eingesetzt:

$$f(C,S) = \sum_{s \in S} f_1(C,s) \text{ mit } f_1(C,s) = \begin{cases} 0 & \text{falls C(s) unsicher} \\ 1 & \text{falls C(s) sicher und } s \text{ sicher} \\ -300 & \text{sonst} \end{cases}$$

Dabei ist S die Menge der zu klassifizierenden Punkte und C eine Funktion, die jedem Punkt $s \in S$ des zu klassifizierenden Raums die entsprechende Voronoi-Zelle zuordnet.

Durch die unsymetrische Bewertungsfunktion tendiert die eingesetzte Methode dazu, Klassifikationen zu finden, bei denen in sicheren Klassen keine unsicheren Punkte mehr vorkommen, wohingegen der gegensätzliche Fall nicht benachteiligt wird. Dass es sich bei der gefundenen Lösung nur um ein lokales Maximum handelt spielt für das Verfahren hingegen nur eine untergeordnete Rolle, da es wichtig ist, eine sichere Zerlegung des Parameterraumes zu finden und nicht die optimale.

3.3 Hypothesentest

Als Abbruchbedingung wird geprüft, ob der gefundene Kandidatenparameterraum tatsächlich sicher ist. Dazu wird das folgende Bernoulli-Experiment betrachtet: Die Wahrscheinlichkeit einer unsicheren Ausführung von $\mathcal{H}(\mathcal{A})$ sei $p \geq p_{max}$, α sei die Wahrscheinlichkeit, dass bei N Ausführungen keine einzige unsicher ist, also:

$$\alpha = P(X \leq 0) = (1-p)^N < (1 - p_{max})^N$$

Daraus folgt nach einfachen Umformungen, dass, falls in $N = \frac{\log \alpha}{\log (1 - p_{max})}$ Ausführungen keine einzige unsicher ist, die Wahrscheinlichkeit einer unsicheren Ausführung von $\mathcal{H}(\mathcal{A})$ kleiner sein muss als p_{max} mit einem Konfidenzniveau von $1 - \alpha$.

4 Das Treibstofftank-Beispiel

Die in Abschnitt 3 vorgestellte Methode wird mit Hilfe eines Beispieles, das ursprünglich von [15] vorgeschlagen wurde, evaluiert. In [13] wurde dieses Beispiel mit Hilfe von klassischen (nicht-deterministischen) parametrisierbaren hybriden Automaten modelliert und analysiert. Diese Modellierung wurde für diese Fallstudie an die verwendeten PSHA angepasst, wodurch die Ergebnisse vergleichbar sind.

Es wird ein Treibstoffpumpensystem, das aus mehreren Treibstofftanks und Pumpen besteht, an Bord eines Flugzeuges betrachtet. Der Schwerpunkt lieft dabei auf einem dieser Tanks, der direkt eine Turbine versorgt. Um die Sicherheit des Systems zu gewährleisten, muss garantiert werden, dass der Tank sich niemals leert, genauer gesagt, soll der Füllstand des Tanks nie unter einen kritischen Wert von 50 l fallen. Der Tank kann mit Hilfe eines Pumpensystems aus anderen Tanks nachgefüllt werden und der aktuelle Füllstand wird mit Hilfe eines Füllstandssensors gemessen.

Alle Teile dieses Systems erzeugen Ungenauigkeiten und Latenzen: Der Füllstandssensors erzeugt einen Messfehler von höchstens 10%. Außerdem hat, wenn der Kontrollprozess den Wert liest, dieser schon ein Alter von maximal 50 ms, stimmt also nicht mehr mit dem aktuell wirklich anliegenden Füllstand überein. Der Verbrauch der Turbine ist nicht genau bekannt. Der Kontrollprozess hat eine minimale Ausführungszeit 20 ms, eine Periodizität von 150 ms und ist unterbrechbar. Zuletzt hat das Pumpensystem eine verzögerte Reaktionszeit von maximal 350 ms.

Um die Vergleichbarkeit mit den vorangegangen Arbeiten zu gewährleisten, bei denen die Fehler entweder durch nicht-deterministische Auswahl symbolisch behandelt oder mittels Worst-Case-Abschätzung betrachtet wurden, werden die Ungenauigkeiten in den folgenden Modellen mittels Gleichverteilung angenähert. Dies ist kein akurates Modell der Wirklichkeit und dementsprechend sind die gefundenen Wahrscheinlichkeiten ungenau.

4.1 Modellierung

Die Modellierung mit Hilfe von Hybriden Automaten wird üblicherweise komponentenweise ausgeführt. Eine solche Aufteilung in Komponenten ergibt sich in der vorgestellten Fallstudie beispielsweise wie folgt: Der Tank, der Füllstandssensor, das Pumpensystem, und der Kontrollprozess. Zunächst werden nun die Kommunikation zwischen den einzelnen Komponenten und daran anschließend einige der Modellierungsentscheidungen, die zu den Automaten aus Abb. 1 führten, erläutert.

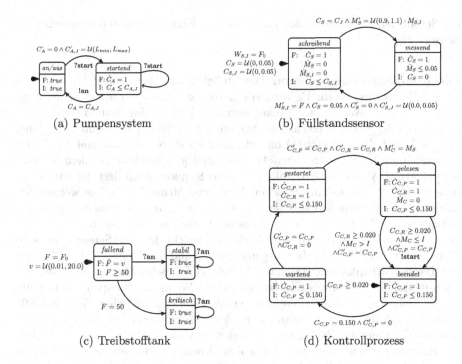

(a) Pumpensystem

(b) Füllstandssensor

(c) Treibstofftank

(d) Kontrollprozess

Abb. 1. PSHA-Modell der Systemkomponenten. Die Flow- und Invarianten-Bedingungen sind Beschriftungen der Knoten und mit **F:** bzw. **I:** gekennzeichnet. Synchronisierungslabels sind fettgedruckt. $\mathcal{U}(a,b)$ bezeichnet die Gleichverteilung über dem Intervall $[a,b]$.

Die einzelnen Komponenten können mit Hilfe von Signalen kommunizieren. Signale werden mit Hilfe von Synchronisierungslabels modelliert. Die Labels für jeden Komponentenautomaten werden dafür in drei disjunkte Mengen aufgeteilt: Eingehende, ausgehende und ignorierte Labels. In der grafischen Darstellung der Automaten (Abb. 1) werden eingehende Labels mit einem '?' und ausgehende mit einem '!' markiert. Ignorierte Labels hingegen werden der Übersichtlichkeit halber weggelassen. Es wird gefordert, dass Kanten mit eingehenden Labels stets aktiviert sind. Auch Kanten mit ignorierte Labels sind stets aktiviert und ändern den Zustand des Komponentenautomaten nicht. So wird sichergestellt, dass der Empfänger eines Signals den Sender nicht blockieren kann, und es keine ungewünschten Seiteneffekte zwischen verschiedenen Komponentenautomaten gibt. In dem Treibstofftank-Beispiel gibt es zwei Signale: der Kontrollprozess sendet das *start*-Signal an die Pumpe. Die Pumpe sendet das *an*-Signal an den Tank.

Die zweite Möglichkeit für die Kommunikation zwischen zwei Komponenten sind geteilte Variablen. Dabei sollten – um Modellierungsfehler und widersprüchliche Zugriffe zu vermeiden – Variablen von genau einer Komponente geschrieben werden, lesender Zugriff ist dagegen unbeschränkt. Im vorgestellten Beispiel liest der Sensor den Füllstand F des Tanks und der Kontrollprozess den Speicher des Sensors M_S.

Die Komponentenautomaten Das Stellglied des hier modellierten Systems ist ein **Pumpensystem**. Es wird vorausgesetzt, dass die Pumpe in der Lage ist, den Treibstoffverlust des Tankes auszugleichen, da das System sonst unabhängig von der Kontrollaktion unsicher wäre. Es wird nur betrachtet, wie lange es vom Einschaltsignal (**start**) dauert, bis die Pumpe mit maximaler Leistung arbeitet (und das Signal **an** sendet). Diese Zeit gleichverteilt aus dem Intervall [0 ms, 350 ms]. Wenn der Kontrollprozess das **Sensor**datum liest, ist garantiert, dass das Alter des Datums zwischen 10 ms und 50 ms liegt. Ohne weitere Annahmen des internen Aufbaus des Sensors kann man dies Modellieren, indem gleichverteilt alle 10 ms bis 50 ms ein neues Datum gelesen und in den Speicher des Sensors geschrieben wird. Darüberhinaus weicht der vom Sensor gemessene Wert relativ vom tatsächlich anliegenden Füllstand des Tanks ab. Der Zustand des **Treibstofftanks** wird durch den Füllstand F beschrieben. Im normalen Betriebsmodus fällt der Füllstand kontinuierlich. Wenn das Pumpensystem läuft, ist der Füllstand stabilisiert. Wenn er jemals unter den kritischen Wert 50 l fällt, muss der Automat in den Zustand *kritisch* wechseln. Dieser Fall soll durch geeignete Bestimmung der Parameter vermieden werden. In erster Näherung besteht der **Kontrollprozess** aus zwei Teilen, dem Scheduler und dem eigentlichen Prozess. Der Scheduler stellt sicher, dass der Prozess einmal in jeder Periode ausgeführt wird. Er kann den Prozess unterbrechen, und es werden keine zusätzlichen Annahmen über andere Prozesse getroffen. Der Prozess liest den Speicher des Sensors und entscheidet dann, ob die Pumpe angeschaltet werden soll. Hier wird wie in [13] von diesem zweigeteilten Modell abstrahiert. Es wird stattdessen modelliert, dass der Kontrollprozess irgendwann in der Periode den aktuellen Wert des Sensors liest und danach (immer noch im Zeitfenster) die Kontrollentscheidung trifft. Diese Entscheidung ist abhängig von dem zu diesem Zeitpunkt im Speicher liegenden Wert M_C. In Übereinstimmung mit [15] soll der minimale Wert von M_C bestimmt werden, so dass die unsicheren Zustände gerade vermieden werden können. Dafür wird der Parameter I eingeführt. Die Pumpe wird eingeschaltet bei einem Wert $M_C \leq I$ ansonsten bleibt die Pumpe bis zum nächsten Kontrollzyklus ausgeschaltet.

4.2   Evaluierung

Das hier vorgestellte Verfahren und die Fallstudie wurden prototypisch in Python implementiert. Es wurden mehrere Experimente durchgeführt, von denen zwei hier exemplarisch vorgestellt werden. Mit dem ersten Experiment sollen die Ergebnisse aus [15] und [13] zu bestätigt werden. Dazu wurde die Modellierung aus Abb. 1 so geändert, dass die probabilistischen Sprünge stark eingeschränkt sind, genauer gesagt wurde nur die Startkonfiguration zufällig bestimmt, während ansonsten wie bei [15] eine Worst-Case-Analyse durchgeführt wurde. Die Ergebnisse sind in Abb. 2(a) zu finden. Die Zellen mit dunkelgrünen Punkten

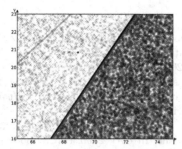 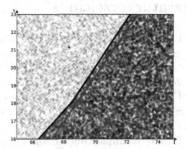

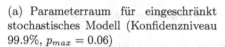

(a) Parameterraum für eingeschränkt stochastisches Modell (Konfidenzniveau 99.9%, $p_{max} = 0.06$)

(b) Parameterraum für gleichverteilten Sensorfehler (Konfidenzniveau 99.99%, $p_{max} = 0.0001$)

Abb. 2. Vergleich sicherer Parameterraum mittels statistischer Parametersynthese (schwarze Linie) und symbolischer Worst-Case-Analyse (blaue Linie)

ist der als sicher befundene Parameterraum, die blaue Line zeigt die Grenze, die mit den Methoden aus [15] gefunden wurde. Die sicheren Punkte in den als *potentiell unsicher* markierten Zellen stammen erwartungskonform von günstig zueinander liegenden Sensor- und Kontrollprozess-Zyklen.

Im zweiten Experiment wurden an einer Kante zusätzlich der relative Fehler des Sensors behandelt. Wie in Abb. 2(b) zu sehen, weicht die gefundene sichere Parametermenge trotz hohem Konfidenzniveau von der Worst-Case-Analyse ab. Dies stimmt mit der Erwartung überein, dass sehr Parameter mit sehr unwahrscheinlicher Fehlerwahrscheinlichkeit als sicher eingestuft werden. Dennoch ist auch zu erkennen, dass die gefundene Parametermenge sich an die Worst-Case-Ergebnisse annähert.

5   Fazit

In diesem Artikel wurde ein Verfahren zur Parametersynthese für hybride Systeme vorgestellt, dass auf statistischen Methoden aufbaut. Es teilt die in [12] beschriebenen Hauptnachteile und Vorteile von SMC: Auf der einen Seite kann es nur auf probabilistische hybride Automaten angewendet werden, so dass zusätzlicher Modellierungsaufwand betrieben werden muss, und liefert nur probabilistische Garantien. Ausserdem können eine große Anzahl von Stichproben benötigt werden, wenn die gewünschte Genauigkeit hoch ist. Auf der anderen Seite ist das Verfahren leicht parallelisierbar und muss das System lediglich ausführbar sein, so dass viele ansonsten nicht verifizierbare Systeme geprüft werden können. In weiteren Arbeiten muss anhand von realen Systemen geprüft werden, wie gut die gefundenen Parameter tatsächlich geeignet sind. Außerdem kann die Suche nach dem Kandidatenparameterraum in Anlehnung an [5] noch verbessert werden.

Literaturverzeichnis

1. Étienne André, Thomas Chatain, Laurent Fribourg und Emmanuelle Encrenaz. An inverse method for parametric timed automata. *International Journal of Foundations of Computer Science*, 20(05):819–836, 2009.
2. Johan Bengtsson, Kim Larsen, Fredrik Larsson, Paul Pettersson und Wang Yi. UPPAAL – a tool suite for automatic verification of real-time systems. In *Hybrid Systems III*, LNCS 1066, Seiten 232–243. Springer, 1996.
3. Edmund Clarke, Orna Grumberg, Somesh Jha, Yuan Lu und Helmut Veith. Counterexample-Guided Abstraction Refinement. In *CAV 2000*, LNCS 1855, Seiten 154–169. Springer, 2000.
4. Edmund M Clarke, Orna Grumberg und Doron A Peled. *Model checking*. MIT press, 1999.
5. Alexandre Donzé, Bruce Krogh und Akshay Rajhans. Parameter Synthesis for Hybrid Systems with an Application to Simulink Models. In *Hybrid Systems: Computation and Control*, LNCS 5469, Seiten 165–179. Springer, 2009.
6. Goran Frehse, Sumit Kumar Jha und Bruce H. Krogh. A Counterexample-Guided Approach to Parameter Synthesis for Linear Hybrid Automata. In *HSCC, 11th Int. Workshop*, LNCS 4981, Seiten 187–200. Springer, 2008.
7. Thomas A. Henzinger. The Theory of Hybrid Automata. In *Proceedings of the 11th Annual Symposium on Logic in Computer Science*, Seiten 278–292. IEEE Computer Society Press, 1996.
8. Ernst Moritz Hahn, Arnd Hartmanns, Holger Hermanns und Joost-Pieter Katoen. A compositional modelling and analysis framework for stochastic hybrid systems. *Formal Methods in System Design*, Seiten 1–42, 2012.
9. Thomas A. Henzinger, Peter W. Kopke, Anuj Puri und Pravin Varaiya. What's decidable about hybrid automata? In *STOC '95*, Seiten 373–382. ACM, 1995.
10. Thomas A. Henzinger und Howard Wong-Toi. Using HyTech to Synthesize Control Parameters for a Steam Boiler. In *Formal Methods for Industrial Applications*, LNCS 1165, Seiten 265–282. Springer, 1996.
11. Marta Kwiatkowska, Gethin Norman und David Parker. PRISM: Probabilistic Symbolic Model Checker. In *Computer Performance Evaluation: Modelling Techniques and Tools*, LNCS 2324, Seiten 200–204. Springer, 2002.
12. Axel Legay, Benoît Delahaye und Saddek Bensalem. Statistical Model Checking: An Overview. In *Runtime Verification*, LNCS 6418, Seiten 122–135. Springer, 2010.
13. Christian Schwarz. Modelling a Real-Time Control System using Parameterized Linear Hybrid Automata. In *Informatik 2011*, number P-192 in LNI, Seite 328. Gesellschaft für Informatik, 2011.
14. Håkan L.S. Younes und Reid G. Simmons. Probabilistic Verification of Discrete Event Systems Using Acceptance Sampling. In *Computer Aided Verification*, LNCS 2404, Seiten 223–235. Springer, 2002.
15. Dieter Zöbel. Canonical Approach to Derive and Enforce Real-Time Conditions. In *1st International ECRTS Workshop on Real-Time and Control*, Palma de Mallorca, 2005. Euromicro.

Simulation von Teilnehmern verteilter Systeme zur Verifikation und Systemintegration

Silvije Jovalekic[1], Michael Wiescholek[1] und Bernd Rist[2]

[1] Institut für Echtzeitsysteme und Softwaretechnik
Hochschule Albstadt-Sigmaringen, 72458 Albstadt
[jovalekic|wiescholek]@hs-albsig.de
[2] Honeywell Security Group, 72458 Albstadt
bernd.rist@honeywell.com

Zusammenfassung. Zur Sicherstellung der Qualität vernetzter elektronischer Systeme ist das Testen während der Entwicklung und vor der Auslieferung notwendig. Durch die Simulation des gesamten Systems oder Teile davon kann der Aufwand deutlich reduziert werden. An die Simulation ergeben sich komplexe Anforderungen wie die Unterstützung der Echtzeitsimulation sowie die Erweiterbarkeit und die Skalierbarkeit bezüglich der Teilnehmer. Geschichtete Architekturen unterstützen auch bei einem Simulationssystem die Wiederverwendbarkeit der Komponenten und die Erweiterbarkeit um neue Teilnehmer und Busse. Zur Beschreibung des dynamischen Verhaltens sind die Zeitspezifikationen notwendig. Eine geeignete Darstellung der Simulationsergebnisse ist für die Nutzung erforderlich. Einige der Verfahren wurden an einem vernetzten System aus der Gebäudesicherung erprobt.

1 Einleitung

Bei einem Testsystem werden durch zuvor definierte Testfälle die Eingänge des Testobjektes stimuliert. Bei der Auswertung werden die tatsächlichen Werte der Ausgänge des Testobjektes mit den in den Testfällen festgelegten, erwarteten Werten verglichen und entschieden, ob der Testfall erfolgreich war oder nicht. Bei verteilten Echtzeitsystemen helfen automatisierte Testverfahren komponentenübergreifende Fehler wie Schnittstellen-, Kommunikations- oder Zeitverhaltensfehler während der Systemintegration und im Betrieb zu entdecken. Durch Messungen des Busverkehrs während der Ausführung von Testfällen wird der Informationsfluss verfolgt und auf Inhalt und Zeitbedingungen überprüft. Somit können fehlerhafte Teilnehmer oder Teilnehmergruppen lokalisiert werden [1].

Das Problem eines realen Tests liegt darin, dass der komplette Aufbau eines zu testenden Objektes vorausgesetzt wird, weshalb ein vollständiger, realer Test wirtschaftlich oft nicht vertretbar ist. In der Regel sind die Testumgebungen nicht in der Lage, komplexe Teilsysteme zu simulieren und somit selbst Teil des Gesamtsystems zu werden. Hierdurch ist deren Nutzbarkeit bereits beim Integrationstest von verteilten Systemen deutlich eingeschränkt.

Die in diesem Artikel beschriebene Teil- oder Gesamtsystemsimulation setzt hier an und soll es ermöglichen, durch die Virtualisierung einzelner Komponenten oder des gesamten Systems, Testfälle abzudecken, die sonst mit vertretbarem Aufwand nicht durchführbar wären. Da zukünftige Systeme immer komplexer werden und gleichzeitig die Ansprüche an die funktionelle Sicherheit immer weiter steigen, wird die Anwendung der hier beschriebenen Verfahren immer wichtiger. Da derzeit noch kaum universelle Werkzeuge zur Verfügung stehen, arbeiten einige Hersteller an proprietären Lösungen, deren Entwicklungs- und Pflegeaufwand allerdings enorm ist.

2   Sicherheit in technischen Systemen

Sicherheitsrelevante Systeme werden in verschiedenen Bereichen eingesetzt, wie Maschinensteuerung, Verfahrensanlagen und der Gebäudesicherung. Sie werden als elektrische, elektronische und programmierbare Systeme realisiert. Die funktionale Sicherheit behandelt hierbei die Ermittlung von Anforderungen und den Entwurf von Hard- und Software, um einen sicheren Betrieb zu gewährleisten. Sie beinhaltet auch die Behandlung von Fehlfunktionen, die trotz einer sorgfältigen Realisierung auftreten können. Während systematische Fehler in der Entwicklung durch entsprechende Maßnahmen wie etwa Reviews und massive Entwicklungstests bekämpft werden können, stellt die Erkennung und Behebung „zufälliger" Fehler im laufenden Betrieb ein größeres Problem dar. So müssen sich sicherheitskritische Systeme im realen Betrieb ständig selbst bzw. gegenseitig überwachen, um solche nicht vorhersehbaren Fehlersituationen zu erkennen und das System in einen vorher als sicher definierten Zustand zu überführen.

Hierfür müssen spezielle Sicherheitsfunktionen in die Systeme eingebaut werden, die diese auch trotz einer Fehlfunktion wieder in einen sicheren Systemzustand zurückführen. Ein einfaches Beispiel hierfür ist die ständige Überwachung des ausgeführten Anwendungscodes durch einen unabhängigen Rechenprozess. Wird ein Fehler im Anwendungscode entdeckt, muss die Anwendung selbst kontrolliert terminiert und ggf. nach einem erneuten Laden des Programmes neu gestartet werden. So muss bereits bei einem Neustart sichergestellt werden, dass nicht durch ungünstige Initialisierungen Teilkomponenten so angesteuert werden, dass von ihnen eine Gefährdung ausgeht. Eine elektronisch gesicherte Tür darf sich nicht durch einen Neustart des Systems infolge einer Sabotage plötzlich öffnen, während sie aber natürlich entriegelt werden muss, wenn zuvor ein Brandalarm im Gebäude detektiert wurde. Die sich hieraus ergebenden Testfälle sind in ihrer Vielzahl und zeitlichen Abhängigkeiten kaum noch durch reale Tests mit vertretbarem Aufwand und reproduzierbar zu testen. Hierzu werden Umgebungen zur Simulation oder gezielter Stimulation benötigt.

Neben anderer Normen und Vorschriften spielt die IEC 61508 im gesamten Lebenszyklus eines solchen Systems eine wichtige Rolle. In ihr sind alle Aspekte, die mit der Nutzung und den Anforderungen an solche Systeme vom Konzept bis zur Stilllegung einer Anlage beschrieben. Die Norm schreibt vor, die Gefahren bei der Systemnutzung zu ermitteln und deren Risiken zu beurteilen. In einer

Sicherheits-Anforderungsspezifikation sind alle erforderlichen Sicherheitsfunktionen zu dokumentieren. Basierend darauf wird das Sicherheitssystem entworfen. Die Norm besteht aus sieben Teilen und der Schwerpunkt liegt im Gesamtlebenszyklus, dem Management der funktionalen Sicherheit, der Betrachtung der quantitativen Sicherheit und der gesamten Sicherheitsschleife von den Sensoren, der Logik bis zu den Endelementen. Teil drei der Norm bezieht sich auf die Softwareentwicklung, Verifikation und Validation eines Sicherheitssystems. Sie enthält Anforderungen an Entwicklungswerkzeuge und empfiehlt zertifizierte Werkzeuge für höhere Sicherheitsintegritätslevel. Sie enthält auch eine Übersicht über die Verfahren, die in den verschiedenen Phasen des Software-Sicherheitslebenszyklus Anwendung finden können. Für praktische und objektive Anwendung dieser Verfahren ist die Messung deren Ergebnisse durch automatisierte Werkzeuge hilfreich [2,3]. Innovative Konzepte der Taskausführung unterstützen die Sicherheit eingebetteter Systeme [4]. Wegen der hohen Komplexität und der verschiedenen Interpretationen der Norm wird bei der Zertifizierung die strukturierte Vorgehensweise mit Werkzeugen unterstützt [5].

3 Anforderungen an die Simulation

Damit die Simulation wirtschaftlich sinnvoll wird, muss ein Simulationsrechner mehr als eine Komponente des Netzwerks gleichzeitig simulieren. Zeitkontinuierliche Systeme werden hierbei mit Übertragungsfunktionen beschrieben. Die Simulation besteht in der numerischen Lösung dieser Übertragungsfunktionen. Die Leistung heutiger Simulationsrechner ermöglicht es, dass auch komplexe technische Prozesse schneller simuliert werden, als sie in der Wirklichkeit ablaufen. In diesem Fall erfordert die Echtzeitsimulation eine an die Realzeit angepasste, langsamere Ausführung.

Bei der Gesamtsystemsimulation werden alle Teilnehmer und Busse simuliert. Zur Verifikation des Zeitverhaltens ist die Echtzeitsimulation hierbei nicht erforderlich. Alleine aus den Zeitspezifikationen ist eine Verifikation des Zeitverhaltens möglich. Auch bei der Entwicklung eines einzigen Teilnehmers muss der Rest der Teilnehmer nachgebildet werden, um das Verhalten des Gesamtsystems zu verifizieren. Man spricht dabei von der Restbussimulation. Bei der Teilsystemsimulation liegen einige Teilnehmer und Busse real vor und andere werden nachgebildet. Um korrekte zeitliche Interaktion zwischen realen und virtuellen Teilnehmern zu erreichen, müssen virtuelle Teilnehmer in Echtzeit simuliert werden. Zur Anpassung der Signalpegel ist eine Schnittstelle zwischen dem realen und virtuellen Teil erforderlich.

Eine wichtige Anforderung ist die einfache Erweiterbarkeit des Modells um neue Teilnehmertypen und Busse. Die Teilnehmer, Busse und Protokolle sollten so verallgemeinert werden, dass konkrete Komponenten durch eine entsprechende Parametrierung aus allgemeinen Modellen gewonnen werden können. Durch Bibliotheken kann hierbei die Wiederverwendbarkeit dieser Modelle unterstützt werden. Es wird eine einfache Skalierbarkeit des gesamten Systems gefordert. Die Festlegung, ob ein Teilnehmer real oder virtuell ist, soll einfach möglich sein.

4 Struktur und Eigenschaften des Simulationsobjektes

Als verteiltes Simulationsobjekt dient in der beschriebenen Anwendung ein Ein-
bruchmeldesystem. Die Einbruchmeldezentrale ist eine programmierbare Steuerung, die Daten von den verschiedensten Bedieneinrichtungen und Sensortypen
erfasst, miteinander verknüpft und entsprechende Aktionen veranlasst. Das Ein-
bruchmeldesystem ist mit anderen Gefahrenmeldeanlagen und mit übergeordneten Visualisierungs- und Bediensystemen über schnelle Backbone-Busse verbunden. Die Feldbuskoppelmodule sind über interne Busse an die Zentrale angeschlossen und realisieren physikalische und protokolltechnische Ankopplungen
an die verschiedensten Feldbusse. An den Feldbussen werden busfähige Ein-/
Ausgabegeräte, Bedienteile, Sensoren sowie Melder angeschlossen, vgl. Abb. 1.

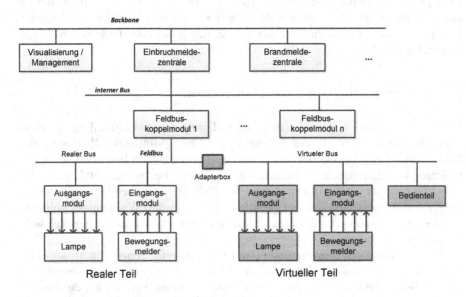

Abb. 1. Struktur der betrachteten Klasse verteilter technischer Systeme

Hierdurch ergibt sich ein komplexes System mit einer Vielzahl verschiedener
Komponententypen und vielfältigen Kommunikationsbeziehungen. Das Verhalten jeder Komponente für sich kann genau beschrieben und getestet werden,
beim Zusammenschluss dieser Komponenten zu einem Gesamtsystem entstehen
jedoch enorme Anforderungen an den Test und die Fehlersuche.

An die verwendeten Bussysteme werden sehr hohen Anforderungen an Über-
tragungssicherheit gestellt. Gleichzeitig werden Antwortzeiten im Bereich einiger
100 ms gefordert, auch wenn die Kommunikation über mehrere Bushierarchien
hinweg erfolgt. Besonders kritisch sind hierbei Aktivitäten, die zu einem Fehl-
alarm oder schlimmer, zu einer fehlenden Alarmmeldung führen. Diese strengen
zeitlichen Anforderungen sind einzuhalten und somit auch bei der Simulation zu
messen und zu überprüfen.

5   Simulation verteilter Systeme

5.1   Architektur des Simulationssystems

Die simulierten Teilnehmer werden in drei Schichten strukturiert. Die Übertragungsschicht dient zur Anbindung der Teilnehmer an den virtuellen Bus. Die Kommunikationsprotokolle werden in der darüber liegenden Protokollschicht realisiert. In Schicht 3 werden die Anwendungen modelliert, siehe Abb. 2.

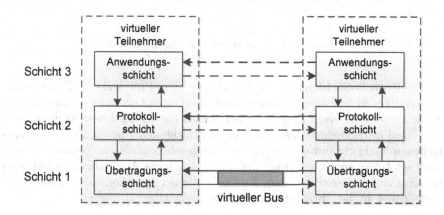

Abb. 2. Architektur des Simulationssystems

Virtuelle Teilnehmer werden durch hierarchische Zustandsdiagramme beschrieben und simuliert. Die Logik der Anwendungsschicht, der Empfangs- und der Sendeteil der Protokollschicht sowie die Testumgebung werden durch nebenläufige Zustände modelliert. Die Simulation kann über mehrere Parameter beeinflusst werden, wie Anzahl und Adressen der Teilnehmer, Nachrichteninhalte der Sensoren, Aktoren und des Bedienteils. Die Kommunikation der Teilnehmer findet in der Simulation über einen simulierten, virtuellen Bus statt [6].

Die **Übertragungsschicht** dient zur Anbindung der Teilnehmer an diesen virtuellen Bus. Sie ist für die Übermittlung, Adressierung und Prüfsummenbildung zuständig. Jeder Teilnehmer besteht aus dem Baustein Transceiver und einer Logik, welche die eigentliche Teilnehmerfunktion nachbildet. Die Busnachrichten werden über den Transceiver empfangen, in der Protokoll- und Übertragungsschicht verarbeitet und über den Transceiver auf den Bus gesendet.

In Abb. 3 ist der Signalfluss in der Übertragungsschicht dargestellt. Alle ankommenden Nachrichten werden vom Transceiver auf ihren Adressaten überprüft und lediglich die für ihn bestimmten Nachrichten an die darüber liegende Schicht weitergeleitet. Des Weiteren werden alle empfangenen Nachrichten an den nächsten Teilnehmer versendet. Grund dafür ist, dass in Simulink keine bidirektionalen Verbindungen unterstützt werden und somit ein Bus nur durch Emulieren eines Ringbusses nachgebildet werden kann. Zu übermittelnde Nachrichten werden vor dem Senden mit der Adresse des Teilnehmers und einer Prüfsumme erweitert.

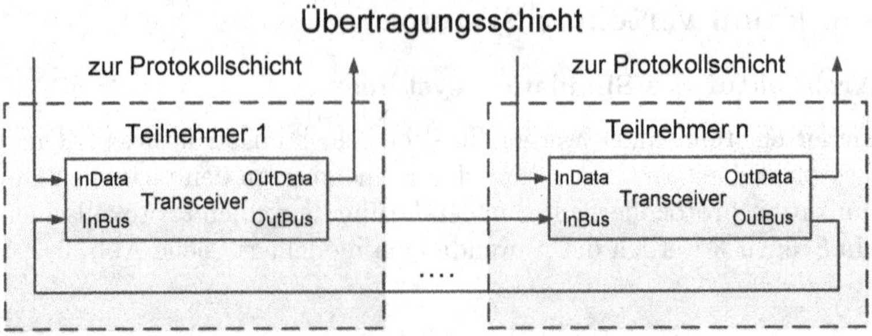

Übertragungsschicht

Abb. 3. Signalfluss in der Übertragungsschicht

Die **Protokollschicht** hat die Aufgabe, mehrere Protokolle des Kommunikationssystems zu realisieren. Dafür kommuniziert sie mit darunter und darüberliegenden Schichten. Nach Empfang einer Nachricht von der Übertragungsschicht teilt die Protokollschicht der Anwendungsschicht den Protokolltyp der eingetroffenen Nachricht mit und übermittelt ihr gegebenenfalls die Nutzdaten. Nach einer erfolgreichen Verarbeitung der Daten durch die Anwendungsschicht wird nun eine zum Protokoll passende Nachricht von der Protokollschicht zusammengestellt und an die Übertragungsschicht weitergeleitet.

Die **Anwendungsschicht** steuert die Kommunikation nach der zugrundeliegenden Kommunikationsart, z.B. dem Master-Slave Prinzip. Beim Master lädt sie die aktuelle Konfiguration, initialisiert das System und geht anschließend in den Standardbetrieb über, in dem die Slaves zyklisch abgefragt oder mit Daten versorgt werden. Im Slave ist diese Schicht für die Verarbeitung der vom Master empfangenen Nachrichten und der ihm zugedachten Funktion zuständig.

Diese Architektur orientiert sich an dem Architekturmuster „Layers". Es dient zur Strukturierung solcher Anwendungen, die mehrere Gruppen von Aufgaben enthalten, wobei jede Gruppe auf einem bestimmten Abstraktionsniveau angesiedelt ist. Mit diesem Muster soll die Wiederverwendbarkeit und Austauschbarkeit der Simulationskomponenten erreicht werden [7].

5.2 Zeitspezifikation der Teilnehmer

Kommunikationspfad. Der Kommunikationspfad ist der Weg, den die Information in einem vernetzten System von einem Startteilnehmer bis zu einem Zielteilnehmer durchläuft. Ein Kommunikationspfad ist hierbei durch die Zeitdauer der Informationsübertragung zwischen den beiden Teilnehmern gekennzeichnet. Die Teilnehmer entlang eines Kommunikationspfades können in unterschiedlicher funktionaler Beziehung zueinander stehen, somit hat die Beziehung zwischen den Teilnehmern Einfluss auf die möglichen Kommunikationspfade. Die Summe der Verarbeitungszeiten und der Übertragungszeiten entlang der möglichen Kommunikationspfade ist unterschiedlich. Bei der Systementwicklung ist frühzeitig eine Aussage erforderlich, ob die Antwortzeit über das Netzwerk die Zeitanforderungen erfüllt [8].

Abb. 4 stellt eine Master-Slave Architektur dar. Die Gesamtlaufzeit t_G eines Dienstes, angefordert durch den Master, setzt sich zusammen aus der Zeit, die eine Nachricht benötigt, um auf dem Bus vom Master zum Slave t_T und zurück zu gelangen, sowie der Verarbeitungszeit t_0 im Slave. So ergibt sich für die Gesamtlaufzeit $t_G = 2 \cdot t_T + t_0$. Es wird gefordert, dass die Gesamtlaufzeit t_G zwischen einer Untergrenze T_{MIN} und einer Obergrenze T_{MAX} liegen soll.

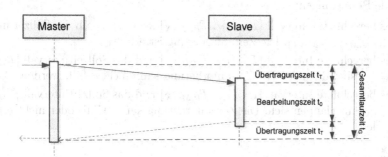

Abb. 4. Zeitverhalten der Kommunikation zwischen den Teilnehmern

Zeitanforderungen. Die weitere Spezifikation von Zeiteigenschaften bezieht sich auf die End-to-End Betrachtung. Hierbei werden die Zeitanforderungen aus den Eigenschaften der Anwendung ermittelt und für die Verifikation vorgegeben. Es wird angenommen, dass für die End-to-End Zeit t_G von der Anregung eines Teilnehmers bis zur Auswirkung in einem anderen Teilnehmer folgende Spezifikation (1) gilt, wobei T_{MAX} und T_{MIN} Zeitschranken darstellen. Diese Zeitanforderung enthält auch die Spezialfälle, dass keine maximale Zeitschranke T_{MAX} definiert ist oder die minimale Zeitschranke T_{MIN} gleich Null ist. Es ist jedoch nicht zulässig, dass T_{MIN} grösser als T_{MAX} ist.

$$T_{MIN} < t_G < T_{MAX} \tag{1}$$

Verarbeitungs- und Übertragungszeiten. Die Verarbeitungsdauer der Teilnehmer ist durch die minimale $T_{M,MIN}$ und die maximale Verarbeitungszeit $T_{M,MAX}$ spezifiziert. Die Zeiteigenschaften der Verbindungen sind definiert durch die Bitrate f_{bit} [bit/s] der Verbindung und die Länge der zu übertragenen Nachrichten L [bit]. Die Übertragungszeit der Verbindung T_C wird nach der Formel $T_C = L/f_{bit}$ berechnet.

Überprüfung von Zeitanforderungen. Zur Überprüfung von Zeitanforderungen wird die Zeitdauer des Kommunikationspfades benötigt. Für den Kommunikationspfad bestehend aus m Teilnehmern mit den minimalen und maximalen Verarbeitungszeiten $[T_{M_i,MIN}, T_{M_i,MAX}]$, $i = 1 \ldots m$ und n Verbindungen mit den minimalen und maximalen Übertragungszeiten $[T_{C_j,MIN}, T_{C_j,MAX}]$, $j = 1 \ldots n$ errechnet sich die minimale Pfadzeit $T_{P,MIN}$ als Summe der minimalen Verarbeitungszeiten aller Teilnehmer und der minimalen Übertragungszeiten aller Verbindungen entlang des Kommunikationspfades. Entsprechend gilt für die maximale Pfadzeit $T_{P,MAX}$. Somit liegt die Zeitdauer eines Kommunikationspfades T_{PATH} im Intervall $[T_{P,MIN}, T_{P,MAX}]$. Für zeitgerechtes Verhalten muss die Bedingung $T_{MIN} < T_{PATH} < T_{MAX}$ erfüllt sein.

Bewertung der Zeitspezifikationen. Die berechnete Zeitdauer eines Kommunikationspfades wird verglichen mit den Zeitanforderungen. Demnach gibt es folgende Bewertungen:

- das berechnete Intervall $[T_{P,MIN}, T_{P,MAX}]$ liegt innerhalb des Sollzeitintervalls $[T_{MIN}, T_{MAX}]$. Die Zeitanforderung ist erfüllt.

- das berechnete Intervall $[T_{P,MIN}, T_{P,MAX}]$ und das Sollzeitintervall $[T_{MIN}, T_{MAX}]$ sind disjunkt. Die Zeitanforderung kann nicht erfüllt werden.

- das berechnete Intervall $[T_{P,MIN}, T_{P,MAX}]$ und das Sollzeitintervall $[T_{MIN}, T_{MAX}]$ überlappen sich. Die Zeitanforderung kann erfüllt oder nicht erfüllt werden.

5.3   Teilnehmersimulation in Echtzeit

Die Simulationen in MATLAB/Simulink auf dem PC werden nicht in Echtzeit ausgeführt. Vielmehr wird der aktuelle Zustand des Systems aus dem Modell und dem alten Zustand berechnet. Die dafür benötigte Rechenzeit entspricht nicht der realen Zeit des Modells, sondern hängt von der Leistungsfähigkeit des PCs ab. Um eine Simulation in Echtzeit ablaufen zu lassen, steht das Tool Simulink Coder zur Verfügung. Mit diesem Werkzeug ist es möglich, aus den Modellen C/C++ Code zu generieren. Der so generierte und kompilierte Code wird mit Hilfe des Paketes xPC in die Echtzeitumgebung eines x86 basierenden Systems übertragen und in Echtzeit ausgeführt. xPC Target als Echtzeitumgebung auf dem Zielrechner bietet zur weiteren Auswertung der Modelle Schnittstellen an, um Signale und Variablen entweder direkt am Monitor oder auf dem PC zu beobachten und aufzuzeichnen. Es ist auch möglich, das auf dem xPC Target laufende Modell mit der Simulation auf dem PC zu verbinden und zu steuern.

In einem räumlich verteilten System müssen die erfassten Prozessdaten realer und virtueller Teilnehmer an einen zentralen Rechner zur Auswertung übertragen werden. Wegen unterschiedlicher Übertragungszeiten kann es hierbei vorkommen, dass die Prozessdaten nicht in der gleichen zeitlichen Reihenfolge beim Auswerterechner ankommen, in der sie erfasst wurden. Um die Ursache-Wirkungs-Analyse in einem verteilten System durchführen zu können, müssen die erfassten Daten deshalb unmittelbar nach der Erfassung mit einem Zeitstempel versehen werden. Zur Unterscheidung dicht aufeinander folgender Prozessdaten eines Teilnehmers werden hierzu lokale Zeitstempeluhren mit einer ausreichenden Auflösung benötigt. Darüber hinaus können sich die Uhrzeiten in verschiedenen Teilnehmern unterscheiden. Es kann sich dabei um eine anfängliche Verschiebung der Uhrzeiten handeln oder die Differenz kann durch einen Drift der Uhren entstehen. Hierdurch müssen die lokalen Uhrzeiten in den Teilnehmern synchronisiert werden. In periodischen Abständen werden die abhängigen Teilnehmerknoten durch eine Zeitnachricht mit dem Zeitreferenzknoten synchronisiert.

5.4   Darstellung der Simulationsergebnisse

Um die Wechselwirkungen zwischen den Teilnehmern zu visualisieren, wurde das Zeitdiagramm der Teilnehmerzustände konzipiert. Im Diagramm wird der Zustand über der Zeit aufgetragen. Man unterscheidet die Zustände „laufend" und „wartend". Im Zustand „laufend" empfängt, verarbeitet und versendet ein Teilnehmer eine Nachricht. Im Zustand „wartend" wartet ein Teilnehmer auf eine Nachricht vom einem anderen Teilnehmer. Bei MATLAB/Simulink kann auf alle Signale mit wenig Aufwand out-of-the-box zugegriffen werden, sie können aufgezeichnet und mit bordeigenen Mitteln graphisch aufbereitet werden.

Eine zeitbezogene offline-Analyse in einem verteilten Echtzeitsystem wird mit einem Impulsdiagramm unterstützt. Die graphische Ausgabe der empfangenen Nachrichten ermöglicht einen schnellen Überblick über Ursache-Wirkungs-Beziehungen zwischen den Teilnehmern. Die einzelnen Impulse über der Zeitachse stellen die Nachrichten auf den Bussen dar. Die Messdaten werden durch die Anfangszeit und die Zeitdauer definiert. Für jeden Kommunikationskanal wird aus diesen Daten ein eigenes Impulsdiagramm erzeugt. Um eine Ursache-Wirkungs-Analyse durchführen zu können, müssen die Impulsdiagramme verschiedener Kommunikationskanäle zueinander zeitsynchron laufen. Die so visualisierten, genauen zeitlichen Beziehungen zwischen den Nachrichten bieten zusätzliche Diagnosemöglichkeiten an [9].

5.5   Verallgemeinerung des Simulationsmodells

Um den Modellierungsaufwand zu reduzieren, kann eine allgemeine Beschreibung des verteilten Systems erstellt werden. Sie soll die Topologie des zu simulierenden Netzes beschreiben. Das abstrakte Element dieser Beschreibung ist eine Komponente, die entweder ein Teilnehmer (Module), eine Verbindung (Connection) oder ein Netzwerk (Network) sein kann. Dabei soll ein verteiltes System aus beliebig vielen Teilnehmern, Verbindungen und Netzwerken aufgebaut werden können. Die Module beschreiben hierbei die Teilnehmer, z.B. intelligente Sensoren. Sie können auch andere Module enthalten oder als Übersetzer zwischen Verbindungen dienen. Die Connections modellieren die Kommunikationswege zwischen diesen Teilnehmern. An einer Verbindung können mehrere Teilnehmer angeschlossen sein, wie es bei Bussystemen der Fall ist. Die Beschreibung der Komponenten sollte sich soweit wie möglich an vorhandene Arbeiten und Standards orientieren [9,10].

In den Teilnehmern selbst findet die Verarbeitung der Daten statt, die sich im Allgemeinen aus folgender Sequenz zusammensetzt: Empfangen von Nachrichten, Durchführung der Verarbeitung, Senden von Nachrichten. Diese Datenverarbeitung wird durch nebenläufige Tasks beschrieben, die über Zeitbedingungen getriggert werden. Es muss eine angemessene Vielfalt von Zeitbedingungen unter Berücksichtigung von absoluten und relativen Zeitangaben formuliert werden können. Dazu gehört das Triggern von Tasks durch Nachrichteninhalte, Interrupts und Zeitgeber. Die in der Automatisierungstechnik übliche zyklische Verarbeitung kann ebenfalls mit diesen Zeitbedingungen formuliert werden [11].

6 Zusammenfassung

Es wurde ein Konzept der Teilsystemsimulation von verteilten Systemen entwickelt und an einem Master-Slave System aus der Gebäudesicherungstechnik
erprobt. Zunächst wurde die Einbruchmeldezentrale als Master, der Bus und ein
Ausgangsmodul nachgebildet und simuliert. Reale Komponenten wurden über
eine Adapter-Box mit dem Simulationsrechner verbunden.

Durch die Wiederverwendung von Komponenten lässt sich die Simulation
leicht um weitere Teilnehmertypen erweitern. Beispielsweise lassen sich durch
den Austausch der proprietären Transceiver-Komponente durch einen CAN-
Transceiver die Nachrichten über einen CAN-Bus übermitteln. Eine weitere zukünftige Anwendung der virtualisierten Gebäudesicherungsanlage ist die Lastun-
tersuchung eines Systems unter verschiedenen Extremsituationen. Dadurch wäre
es nun auch möglich, das Verhalten einer Anlage bei real kaum oder zumindest
nicht reproduzierbar testbaren Situationen zu untersuchen und die Fehlerquellen
schon von Vornherein zu erkennen und zu beseitigen.

Literaturverzeichnis

1. Rist, B., Poganatz, D. und Jovalekic, S.: Testautomatisierung verteilter echtzeitfä-
   higer Systeme basierend auf einer graphischen Testplanbeschreibung, in: Aktuelle
   Trends in der Softwareforschung, doIT Software-Forschungstag 2006, S 241-255,
   dpunkt.verlag 2006.
2. Börcsök, J.: Funktionale Sicherheit, Grundzüge sicherheitstechnischer Systeme,
   VDE Verlag GmbH, 2011.
3. Mayr, A.; Plösch, R.; Saft, M.: Towards an Operational Safety Standard for Software, IEEE Conference and Workshops on engineering of Computer-Based Systems,
   p. 97-104, 2011.
4. Skambraks, M.; Halang, W.A.: Architectural Concepts for Embedded Systems in
   Safety-critical Applications, IEEE International Conference on Automation, Quality and Testing, Robotics, 22-25 May 2008, p. 60-65.
5. Falessi, D.; Sabetzadeh, M.; Briand, L.; Turella, E.; Coq, T., Panesar-Walawege,
   R.K.: Planning for Safety Standards Compliance: A Model-Based Tool-Supported
   Approach, IEEE Software 2012, p. 64-70.
6. Wiescholek, M.: Konzeption und Erprobung der Teilnehmersimulation bei verteilten Automatisierungssystemen, Masterarbeit, IES, HS Albstadt-Sigmaringen,
   2012.
7. Buschmann, F.; Meunier, R.; Rohnert, H.; Sommerlad, P.; Stal, M.: Pattern -
   Oriented Software Architecture: A System of Patterns; John Wiley & Sons 1996.
8. Jovalekic, S.; Nguyen, T.: Specification and Verification of Time Properties in Distributed Automation Systems during Test Planning Phase, 3th IEEE International
   Workshop on Software Test Automation (COMPSAC 2011), p. 168-173, München.
9. Noak, E.; Jovalekic, S.; Grochowski, H.: Protokollanalyse und Informationsfluss-
   verfolgung zur Fehlerdiagnose in verteilten Echtzeitsystemen, Echtzeit 2009, Informatik aktuell, W.A. Halang, P. Holleczek (Hrsg.), Springer 2009, S. 129-138.
10. ASAM MCD-2 D: Open Diagnostic Data Exchange Format (ODX) V2.2.0, 29.
    Feb. 2008.
11. PEARL90 Language Report, Version 2.2, GI-Working Group 4.4.2 "Real-Time
    Programming, PEARL", 1998.

Verifikation und Validierung sicherheitsgerichteter SPS-Programme

Doaa Soliman und Georg Frey

Lehrstuhl für Automatisierungstechnik, Universität des Saarlandes,
Campus A5.1, 66123 Saarbrücken
{doaa.soliman|georg.frey}@aut.uni-saarland.de

Zusammenfassung. Funktionale Sicherheit nach IEC 61508 umzusetzen und nachzuweisen ist heutzutage eine große Herausforderungen im Design von Automatisierungssystemen. Viele dieser Systeme werden mittels einer Speicherprogrammierbaren Steuerung (SPS) realisiert und nach IEC 61131-3 programmiert. Die PLCopen spezifizierte hierfür eine Bibliothek von Funktionsbausteinen (FB) zur Programmierung sicherheitsgerichteter Anwendungen. Dieser Beitrag präsentiert eine Methodik zur Verifikation und Validierung solcher Anwendungen. Die Programme werden dabei zunächst in ein System zeitbehafteter Automaten überführt und anschließend durch den UPPAAL-Modelchecker formal verifiziert und simulativ validiert. Zur leichteren Anwendung wird zudem ein Ansatz zur automatisierten Übertragung von Simulationsszenarien aus einer Soft-SPS in den Modelchecker UPPAAL vorgeschlagen.

1 Einleitung

Die Entwicklung von Methoden und Werkzeugen zur Gewährleistung funktionaler Sicherheit stellen derzeit den Kern vieler wissenschaftlicher und industrieller Anstrengungen auf dem Gebiet der Automatisierungstechnik dar. Dafür sind zwei Gründe zu sehen:

1. Das Vordringen der Automatisierungsstechnik in immer neue, auch sicherheitskritische, Anwendungsdomänen.
2. Die erhöhte Sensibilität seitens der Anwender und des Gesetzgebers.

Für die Hardware sicherheitsgerichteter Systeme beruht der Nachweis hierbei im Wesentlichen auf der Auswahl von Komponenten mit entsprechend niedrigen Ausfallraten oder auf dem Entwurf geeigneter Redundanzstrukturen. Im Bereich der Steuerungstechnik ist hier insbesondere der Einsatz sicherheitszertifizierter SPS-Steuerungen zu nennen. Somit verbleibt jedoch das Risiko einer fehlerhaften Software. Das SPS-Programm muss für sicherheitsgerichtete Anwendungen nach spezifischen Regeln entworfen und geprüft werden. In der Regel werden diese Systeme mit einer Programmiersprache nach IEC 61131-3 programmiert. Die PLCopen, eine Nutzerorganisation der IEC 61131, stellt hierzu Richtlinien und Hinweise bereit [1, 2]. So wird bspw. empfohlen, für sicherheitsgerichtete Systeme den Sprachumfang der SPS-Programmiersprachen einzuschränken

(Limited Variability Languages) und nur grafische Programmiersprachen wie bspw. die Funktionsbausteinsprache (FBS) zu verwenden. Für FBS bedeuten die Spracheinschränkungen auf Anwenderebene, dass im Wesentlichen nur noch bereits zertifizierte sicherheitsgerichtete Bausteine (Safety FBs bzw. SFBs) sowie einfache Logikgatter zu einem Funktionsbausteinnetzwerk verknüpft werden dürfen. Eine entsprechend Definition für SFBs findet sich auch in den zitierten PLCopen Empfehlungen. Dennoch müssen derart erstellte Sicherheitsanwendungen hinsichtlich gegebener Sicherheits-Spezifikationen überprüft werden. Diese Arbeit präsentiert eine Methodik zur Verifikation und Validierung von SPS-Sicherheitsanwendungen, welche aus Funktionsbausteinen der PLCopen-Bibliothek erstellt werden. Um formale Analyseansätze verwenden zu können, wird die Sicherheitsanwendung zunächst in ein System aus Modellen zeitbehafteter Automaten überführt. Das entstandene formale Modell kann durch den UPPAAL-Modelchecker [3] formal verifiziert und simulativ validiert werden. Zur einfacheren Anwendbarkeit der vorgestellten Methodik wird die Überführung der PLCopen-Sicherheitsanwendung in zeitbehaftete Automaten nach UPPAAL automatisiert. Hierzu wird eine Modellbibliothek zeitbehafteter Automaten in UPPAAL definiert und verifiziert, die mit der PLCopen-SFB-Bibliothek korrespondiert. Die Überführung in das formale Modell nutzt jene Automaten als Bausteine. Zur Automatisierung wurde ein Software-Tool entwickelt. Das Vorgehen wird im Folgenden präsentiert (Kapitel 2). Die Anwendbarkeit der formalen Modelle wird weiter dadurch erleichtert, dass Testsequenzen aus einer SPS-Umgebung automatisiert in das Format des Modellcheckers transformiert und dort ausgeführt werden können (Kapitel 3). Abschließend zeigt ein Laborbeispiel die Anwendung der vorgeschlagenen Methodik und Werkzeugkette (Kapitel 4).

2   Vorgehen zur Entwicklung sicherheitsgerichteter SPS-Programme

Verschiedene Arbeiten befassen sich mit Verfahren zum Funktionsnachweis von SPS-Programmen (z.B. [4–8]). Allerdings werden dort nicht spezifische Sicherheitsapplikationen betrachtet. Außerdem sind die Vorgehensweisen an bestimmte Werkzeuge bzw. Erweiterungen dieser gebunden. Das hier beschriebene Vorgehen setzt konsequent auf die von der PLCopen spezifizierten Bausteine und Austauschformate und ist somit mit für sicherheitsgerichtete Anwendungen mit jeder SPS-Programmierumgebung, die dem Standard IEC 61131-3 und den darauf aufbauenden PLCopen-Empfehlungen folgt, einsetzbar.

Bevor ein sicherheitsgerichtetes SPS-Programm nach der vorgestellten Methode entwickelt werden kann, müssen einige Voraussetzungen erfüllt sein, bzw. geschaffen werden. Diese werden im Folgenden (Kapitel 2.1) beschrieben. Im Anschluss (Kapitel 2.2) wird das Vorgehen zur Programmentwicklung selbst dargestellt.

2.1 Voraussetzungen für die Entwicklungsmethodik

Im Wesentlichen müssen drei Voraussetzungen von den verwendeten Werkzeugen erfüllt werden:

1. Das verwendete SPS-Programmierwerkzeug muss über eine Exportfunktion in das PLCopen XML Format [9] verfügen.
2. Für das verwendete Programmierwerkzeug muss eine verifizierte und validierte Bibliothek von Safety-FBs zur Verfügung stehen.
3. Zu jedem der Safety-FBs muss ein entsprechendes formales Automatenmodell in einer für den Modellchecker UPPAAL lesbaren Form vorliegen (verifiziert und validiert).

Die erste Voraussetzung wird von den meisten IEC 61131-3-konformen Programmierumgebungen erfüllt. Die zweite kann bei Fehlen der Bibliothek dadurch geschaffen werden, dass man selbst eine Bibliothek schreibt und diese auf einem alternativen Weg verifiziert. Als eine Möglichkeit bietet sich hier das Modellchecking auf der SPS-Codeebene an [10] (vgl Abb. 1).

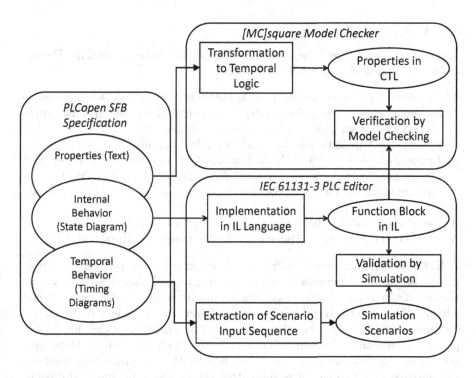

Abb. 1. Erzeugung von verifizierten Safety-FBs für IEC 61131-3 Programmierwerkzeuge

Die dritte Voraussetzung wurde von den Autoren durch den Entwurf einer eigenen Bibliothek für UPPAAL geschaffen [11] (vgl. Abb. 2).

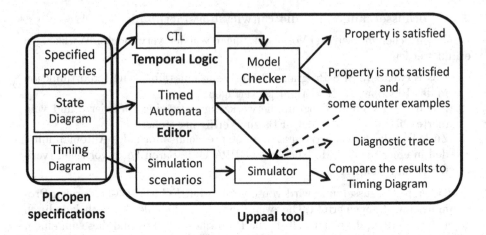

Abb. 2. Erzeugung von Automatentemplates für Safety-FBs zur Verwendung im Modelchecker UPPAAL

2.2 Vorgehen beim Entwurf

Basierend auf den vorhandenen bzw. entwickelten Bibliotheken läuft der Entwurf nun in fünf Schritten (vgl. auch Abb. 3) ab:

1. Entwurf der sicherheitsgerichteten Applikation im SPS-Programmierwerkzeug basierend auf der Spezifikation der Sicherheitsfunktion durch Verschaltung der Safety-FBs zu einem Funktionsblocknetzwerk
2. Export der Applikation in das PLCopen XML-Format
3. Erzeugung eines UPPAAL-XML-Eingangsfiles aus dem exportierten SPS-Programm unter Nutzung der vordefinierten UPPAAL SFB-Modelle mit dem entwickelten Werkzeug SA2TA (Safety Application to Timed Automata)
4. Verifikation und Validierung der Applikation in UPPAAL
5. Im Falle von Fehlern → Änderungen im Programm (Rücksprung zu 1)

Unter Verifikation wird hier die formale Überprüfung von Eigenschaften am Modell mittels des Modellcheckers verstanden. Hierzu ist zunächst eine Formalisierung dieser Eigenschaften nötig. Dieser Schritt ist aufwändig und oft fehlerbehaftet. Aus diesem Grund wird in vielen Bereichen auf eine Validierung von Systemen mittels Testen zurückgegriffen. Hierzu wird das Modell mit Testsequenzen beaufschlagt. Im vorgeschlagenen Verfahren können solche Testsequenzen aus dem SPS-Programmierwerkzeug in den Modellchecker exportiert und dort durchgeführt werden. Diese simulative Validierung kann zunächst dazu genutzt werden, das Vertrauen in die Modelle zu erhöhen (das Modell reagiert so, wie auch das ursprüngliche Programm reagiert). Im Weiteren erlaubt es aber auch eingehende Tests auf Modellebene, dies ist insbesondere bei der Lokalisierung von Fehlern von Nutzen. Das entsprechende Werkzeug wird im folgenden Kapitel beschrieben.

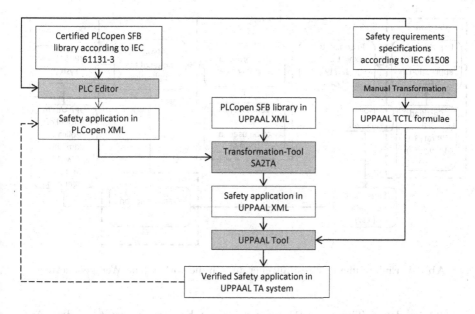

Abb. 3. Vorgehen und Werkzeugkette zur Entwicklung sicherheitsgerichteter SPS-Programme Steuerungen

3   Automatisierte Testfallgenerierung

Im Rahmen der vorgestellten Arbeiten wurde ein Werkzeug zur automatisierten Testfallgenerierung entwickelt (Test Case Generator, TCG). Ziel ist es, Testsequenzen aus einem SPS-Entwicklungswerkzeug zu exportieren und in den Modellchecker einzulesen [12, 13]. Voraussetzung hierfür ist, dass das verwendete SPS-Programmierwerkzeug eine integrierte SoftSPS zur Simulation besitzt und diese in der Lage ist, die Simulationssequenzen in geeigneter Form (.csv-Datei) zu exportieren. Dies ist bspw. bei MultiProg von KW-Software mit dem sogenannten Logic Analyzer erfüllt. Abb. 4 zeigt die Einbindung des TCG in die besprochene Werkzeugkette. Es bleibt anzumerken, dass das im Folgenden beschriebene Verfahren nur für Boolesche Variablen realisiert wurde.

Zunächst werden nach dem Entwurf des Programms im SPS-Programmeditor Testsequenzen simuliert. Diese werden vom Logic Analyzer in eine .csv-Datei exportiert. Die erzeugte Datei enthält in der ersten Zeile durch Kommata getrennt ein Feld für den Zeitschritt (Timestep) und die Namen aller verwendeten Variablen. Die Folgezeilen geben dann die Zeitschritte und die entsprechenden Belegungen der Variablen an. In dieser Datei werden nun vom TCG die verwendeten Variablen getrennt nach Eingangswerten, internen Variablen und Ausgängen identifiziert. Die hierzu notwendige Information wird aus der UPPAAL-XML-Datei gewonnen, die vom SA2TA-Werkzeug aus der SPS-Anwendung generiert wird. Für die identifizierten Variablen werden alle Zustandswechsel und die korrespondierenden Zeitschritte identifiziert. Zusätzlich wird nach Stellen

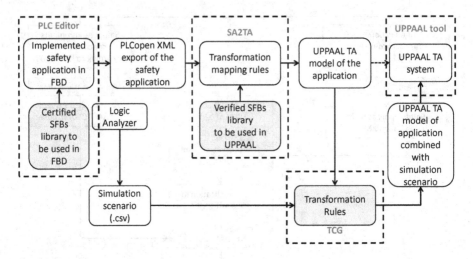

Abb. 4. Einbindung des Testfallgenerators in die vorhandene Werkzeugkette

gesucht an denen Timer im Programm gesetzt bzw. rückgesetzt werden. Aus diesen Informationen generiert der TCG einen Automaten, der mit dem vorhandenen UPPAAL Modell verbunden wird und dieses entsprechend der vorher im SPS-Werkzeug simulierten Sequenz anregt. Das entstandene Gesamtmodell aus UPPAAL-Modell der Anwendung und dem generierten Modell der Anregung wird wiederum in eine in UPPAAL lesbare XML-Datei gespeichert und kann dort ausgeführt werden. Im folgenden Kapitel wird das Vorgehen an einem Beispiel illustriert.

4   Anwendungsbeispiel

Als Anwendungsbeispiel dient ein XY-Tisch (vgl. Abb. 5). Die beiden Achsen des Tischs werden von Servomotoren angetrieben. Diese werden von Motorsteuergeräten mit integrierten Sicherheitsfunktionen angesteuert. Aufgabe des entwickelten sicherheitsgerichteten SPS-Programms ist es, diese bei Bedarf zu aktivieren (Betrieb mit reduzierter Geschwindigkeit) oder das Gesamtsystem in einen sicheren Zustand (Emergency Stop) zu überführen. Neben einem Notaus-Taster verfügt das System über Sensoren zur Überwachung des kritischen Bereichs. Hierbei handelt es sich um Schalter, die das Öffnen bzw. Schließen des umschließenden Gehäuses überwachen sowie um einen Lichtvorhang, der anzeigt, ob in das Gehäuse gegriffen wird. Sobald der Notaus-Taster gedrückt wird muss das System komplett gestoppt werden. Gleiches gilt für den Fall, das der Lichtvorhang unterbrochen wird. Das Öffnen des Gehäuses führt hingegen zunächst nur zur Reduktion der Motorgeschwindigkeit.

Abb. 6 zeigt einen Teil des FBD-Programms zur Realisierung der Sicherheitsfunktion. Dieser eil ist für das Stoppen verantwortlich: Über den mit 1 markierten Baustein werden die redundanten Eingänge des Notaus-Tasters abgefragt. Die

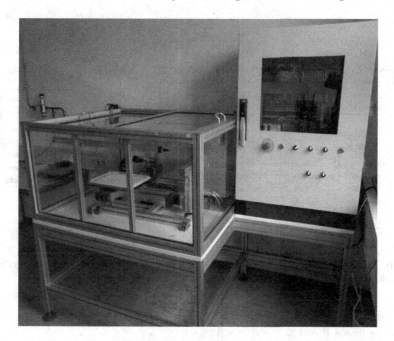

Abb. 5. XY-Tisch mit Sicherheitsinstrumentierung (Safety-SPS, Notaus-Taster, Überwachungsschalter am Gehäuse und Lichtvorhang im Gehäuse)

geprüfte Auslösung (mindestens einer der Eingänge zeigt Auslösung an) wird an den Notaus-Funktionsbaustein 2 weitergegeben (dieser dient insbesondere auch zum späteren Rücksetzen). Im Baustein SF-Safe-Request 6 wird die Anforderung für den sicheren Stillstand an die Motor-Steuerungen erzeugt. Diese kann auch über die Unterbrechung des Lichtvorhangs (Bausteine 3 und 4) angefordert werden.

Abb. 7 zeigt die Umsetzung der Funktion in ein UPPAAL-Modell durch das SA2TA-Werkzeug. Zu den aus der Bibliothek entnommenen Templates der für die SafetyFBs kommen hier noch Automaten zur Beschreibung der Bausteinverknüpfungen und der Ein- bzw. Ausgänge. Mit dem Logic Analyzer von Multiprog wurden verschiedene Simulationsszenarien durchgespielt und exportiert.

Abb. 8 zeigt zwei Verläufe in Form von Zeitdiagrammen an. Die Diagramme zeigen den Ausgang SQ_1_1 (safe stop request) und die interne Variable SafeStandStill_M1_M2 (safe stop achievement) als Funktion der Eingänge SI_1_0, SI_1_2 (Kontakte des Notaus-Tasters), SI_1_4, SI_1_6 (Kontakte des Lichtvorhangs), SI_3_6 (Reset) and SI_3_2 (safe stop acknowledgement). Mit dem Werkzeug TCG können aus dieser Information entsprechende Automaten für den Modelchecker UPPAAL generiert werden (vgl. Abb. 9). Ein Vergleich der in UPPAAL generierten Ausgangswerte zeigt das im Programm erwartete (bzw. auf der Soft-SPS generierte) Verhalten. Die Validierung des Modells über derartige Testsequenzen gibt dem Entwickler zum Einen ein erhöhtes Vertrauen in

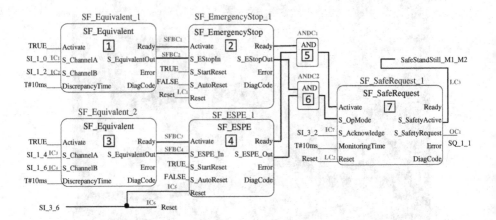

Abb. 6. Ausschnitt aus dem FBD-Programm zur Realisierung der sicherheitsgerichteten Funktionen am XY-Tisch

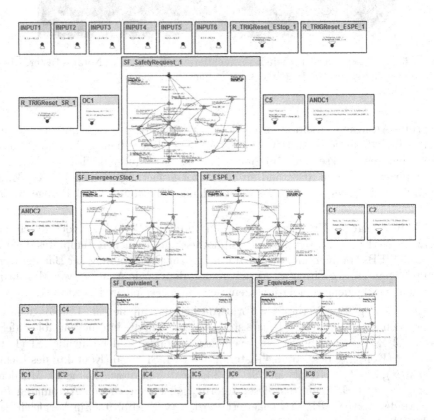

Abb. 7. Netzwerk zeitbewerteter Automaten das vom SA2TA-Tool aus dem FBS-Programm (vgl. Abb. 6) erzeugt wurde

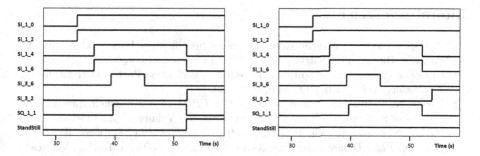

Abb. 8. Zeitdiagramm von zwei unterschiedlichen Simulationsszenarien

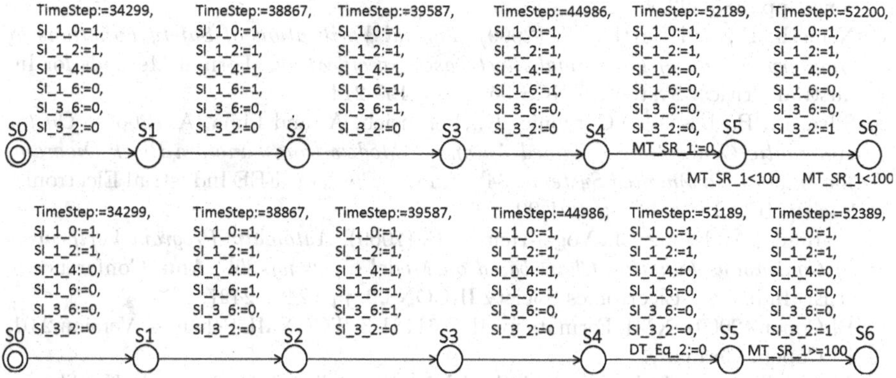

TimeStep:=34299,   TimeStep:=38867,   TimeStep:=39587,   TimeStep:=44986,   TimeStep:=52189,   TimeStep:=52200,
SI_1_0:=1,   SI_1_0:=1,   SI_1_0:=1,   SI_1_0:=1,   SI_1_0:=1,   SI_1_0:=1,
SI_1_2:=1,   SI_1_2:=1,   SI_1_2:=1,   SI_1_2:=1,   SI_1_2:=1,   SI_1_2:=1,
SI_1_4:=0,   SI_1_4:=1,   SI_1_4:=1,   SI_1_4:=1,   SI_1_4:=0,   SI_1_4:=0,
SI_1_6:=0,   SI_1_6:=1,   SI_1_6:=1,   SI_1_6:=1,   SI_1_6:=0,   SI_1_6:=0,
SI_3_6:=0,   SI_3_6:=0,   SI_3_6:=1,   SI_3_6:=1,   SI_3_6:=0,   SI_3_6:=0,
SO SI_3_2:=0   S1   SI_3_2:=0   S2   SI_3_2:=0   S3   SI_3_2:=0   S4   SI_3_2:=0, S5   SI_3_2:=1   S6
                                                                      MT_SR_1:=0,
                                                                      MT_SR_1<100   MT_SR_1<100

TimeStep:=34299,   TimeStep:=38867,   TimeStep:=39587,   TimeStep:=44986,   TimeStep:=52189,   TimeStep:=52389,
SI_1_0:=1,   SI_1_0:=1,   SI_1_0:=1,   SI_1_0:=1,   SI_1_0:=1,   SI_1_0:=1,
SI_1_2:=1,   SI_1_2:=1,   SI_1_2:=1,   SI_1_2:=1,   SI_1_2:=1,   SI_1_2:=1,
SI_1_4:=0,   SI_1_4:=1,   SI_1_4:=1,   SI_1_4:=1,   SI_1_4:=0,   SI_1_4:=0,
SI_1_6:=0,   SI_1_6:=1,   SI_1_6:=1,   SI_1_6:=1,   SI_1_6:=0,   SI_1_6:=0,
SI_3_6:=0,   SI_3_6:=0,   SI_3_6:=1,   SI_3_6:=0,   SI_3_6:=0,   SI_3_6:=0,
SO SI_3_2:=0   S1   SI_3_2:=0   S2   SI_3_2:=0   S3   SI_3_2:=0   S4   SI_3_2:=0, S5   SI_3_2:=1   S6
                                                                      DT_Eq_2:=0   MT_SR_1>=100

Abb. 9. Automatenmodelle zu den Simultionsszenarien aus Abb. 8 (Timestep in ms)

das Modell und zum anderen einen Einblick in dessen Funktion. Dies ist eine wichtige Voraussetzung für den Einsatz der formalen Verifikation am Modell wie sie in [14] und [15] ausführlich dargestellt ist.

5   Zusammenfassung und Ausblick

Der vorliegende Beitrag gibt einen Überblick über eine Methode zur Verifikation und Validierung sicherheitsgerichteter SPS-Programme. Insbesondere wurde die Möglichkeit zur Transformation von Testsequenzen aus der SPS-Programmierumgebung in das formale Modell beschrieben. Die vorgestellten Methoden und Werkzeuge werden im universitären Laborbetrieb eingesetzt und weiterentwickelt. Weitere Entwicklungen sind insbesondere zur Einbeziehung nicht-Boolescher Variablen in die Methodik sowie zur einfacheren Gestaltung der Verifikation erforderlich.

Literaturverzeichnis

1. PLCopen (2006), Safety Software Technical Specification Part 1: Concepts and Function Blocks. TC5 Safety, Version 1.0, PLCopen, Germany.
2. PLCopen (2008), Safety Software Technical Specification Part 2: User Examples. TC5 Safety, Version1.0, PLCopen, Germany.
3. Larsen, K., Pettersson, P., and Yi, W. (1997). *UPPAAL in a Nutshell.* International Journal of Software Tools for Technology Transfer, Volume 1, pp. 134-153.
4. Pavlovic, O., and Ehrich, H. (2010). *Model Checking PLC Software Written in Function Block Diagram.* International Conference on Software Testing, Verification and Validation, Paris, France, pp. 439-448.
5. Yoo, J., Cha, S., and Jee, E. (2008), *A Verification Framework for FBD Based Software in Nuclear Power Plants.* 15th Asia-Pacific Software Engineering Conference, pp. 385-392.
6. Németh, E., and Bartha, T. (2009). *Formal Verification of Safety Functions by Reinterpretation of Functional Block based Specifications.* Formal Methods for Industrial Critical Systems, LNCS 5596, pp. 199-214.
7. Silva, L., Barbosa, L., Gorgonio, K., Perkusich, A. and Lima, A. (2008). *On the Automatic Generation of Timed Automata Models from Function Block Diagrams for Safety Instrumented Systems.* 34th Annual Conf. of IEEE Industrial Electronics Society IECON 2008, pp. 291-29.
8. Wardana, A., Folmer, J., Vogel-Heuser, B. (2009). *Automatic Program Verification of Continuous Function Chart based on Model Checking.* 35th Ann. Conference of IEEE Industrial Electronics Society IECON 09, pp. 2422-2427.
9. PLCopen (2009). XML Formats for IEC 61131-3. TC6 XML Schemes, Version 2.01, PLCopen, Germany.
10. Biallas, S.; Frey, G.; Kowalewski, S.; Schlich, B.; Soliman, D.: *Formale Verifikation von Sicherheits-Funktionsbausteinen der PLCopen auf Modell- und Code-Ebene.* Proceedings of the 11th Fachtagung Entwurf komplexer Automatisierungssysteme (EKA 2010), Magdeburg, Germany, pp. 47-54, May 2010.
11. Soliman, D.; Frey, G.: *Verification and Validation of Safety Applications based on PLCopen Safety Function Blocks using Timed Automata in Uppal.* Proceedings of 2nd IFAC Workshop on Dependable Control of Discrete Systems (DCDS'09), Bari, Italy, pp. 39-44, Bari, Italy, Jun. 2009.
12. Soliman, D.; Thramboulidis, K.; Frey, G.: *Transformation of Function Block Diagrams to UPPAAL Timed Automata for the Verification of Safety Applications.* Annual Reviews in Control 36 (2012), pp. 338-345.
13. Soliman, D.; Thramboulidis, K.; Frey, G.: *Function Block Diagram to UPPAAL Timed Automata Transformation Based on Formal Models.* Proceedings of the 14th IFAC Symposium on Information Control Problems in Manufacturing (INCOM 2012) , Bucharest, Romania, Vol. W, pp. 625-631, May 2012.
14. Soliman, D.; Frey, G.: *Verification and Validation of Safety Applications based on PLCopen Safety Function Blocks.* Control Engineering Practice, Volume 19, Issue 9. September 2011, Pages 929-946. doi:10.1016/j.conengprac.2011.01.001
15. Soliman, D.: *Verification and Validation of Logic Control Safety Applications.* Dissertation, Universität des Saarlandes, Germany, 06. December 2012. (Published by Shaker-Verlag, Aachen, März 2013, ISBN: 978-3-8440-1757-1)

Qualitative Analyse der funktionalen Sicherheit software-intensiver Systeme mittels Zustands/Ereignis-Fehlerbäumen

Michael Roth und Peter Liggesmeyer

Lehrstuhl für Software Engineering: Dependability
Technische Universität Kaiserslautern, 67653 Kaiserslautern
{michael.roth|liggesmeyer}@cs.uni-kl.de

Zusammenfassung. Um Ausfälle in Systemen sicherheitskritischer Umgebungen zu analysieren, sind Fehlerbäume ein häufig verwendetes Mittel. Jedoch weisen diese Nachteile bei der Modellierung zeitlicher Aspekte auf, was besonders bei software-lastigen Systemen nicht akzeptabel ist. Aus diesem Grund wurden Zustands/Ereignis-Fehlerbäume [7] entwickelt, die eine Brücke zwischen Zustandsdiagrammen und Fehlerbäumen schlagen. Dadurch können zeitliche Beziehungen innerhalb der Zustandsdiagramme modelliert werden, wohingegen kausale Zusammenhänge durch fehlerbaumtypische Gatter beschrieben werden. Zur Analyse solcher Fehlerbäume standen bisher nur quantitative Verfahren zur Verfügung. In diesem Beitrag wird ein qualitatives Verfahren vorgestellt, welches Schaltsequenzen ermittelt, die zur Wurzel im Zustands/Ereignis-Fehlerbaum führen. Diese Sequenzen können als Äquivalent zur Cut-Set-Analyse standardisierter Fehlerbäume angesehen werden.

1 Einleitung

Im Bereich der funktionalen Sicherheit können Fehlerbäume (Fault Trees; FTs) als Stand der Technik angesehen werden, um sicherheitskritische Systeme zu analysieren. Die Fehlerbaumanalyse (FTA) bietet einerseits die Möglichkeit einer qualitativer Analyse, wie der Minimal Cut Set (MCS) Analyse. Andererseits stehen auch quantitative Verfahren, wie wahrscheinlichkeitsbasierte Auswertungen, zur Verfügung. Die MCS-Analyse identifiziert minimale Kombinationen von Basis-Ereignissen (Basic Events; BEs), deren gleichzeitiges Eintreten zur Wurzel (Top Level Event; TLE) des Baumes führt. Dabei kann die Anzahl der enthaltenen BEs ein Anhaltspunkt über die Kritikalität des jeweiligen MCS geben. MCSs der Länge 1 stellen z. B. einen Single Point of Failure (SPoF) dar. Somit haben qualitative Analysen immer dann ihre Berechtigung, wenn Eintrittswahrscheinlichkeiten nicht oder nicht hinreichend genau angegeben werden können. Des weiteren stellt die MCS-Analyse eine schnelle und einfache Möglichkeit dar, kritische Systemteile zu identifizieren. Jedoch haben Fehlerbäume gerade im Bereich software-intensiver Systeme entscheidende Nachteile. Dazu zählen vor allem die fehlende Möglichkeit der Modellierung zeitlicher Abhängigkeiten und die Voraussetzung, dass unterschiedliche BEs eines Fehlerbaums immer statistisch unabhängig voneinander sein müssen, damit der Fehlerbaum quantitativ analysiert werden kann. Aus diesen Gründen wurden in [7] Zustands/Ereignis-Fehlerbäume (State/Event Fault Trees; SEFTs) eingeführt, die durch die Verbindung von Zustandsdiagrammen mit Fehlerbäumen in der Lage sind, zeitliche Abhängigkeiten zu modellieren und statistische Abhängigkeiten zu analysieren. Da SEFTs ursprünglich nur zur quantitativen Analyse entworfen wurden, wird in diesem Beitrag ein Verfahren vorgestellt, das eine qualitativen Analyse von SEFTs ermöglicht. Dazu werden Ereignissequenzen identifiziert, deren Auftreten zu einem kritischen Systemzustand führt. Dadurch kann genau wie in der qualitativen Analyse standardisierter Fehlerbäume eine erste Einschätzung kritischer Systemteile vorgenommen werden, jedoch mit dem Unterschied zeitlicher Relationen.

2   Verwandte Arbeiten

Das erste Mal wurden Fehlerbäume von H. R. Watson 1961 vorgestellt [5]. Die Fehlerbaumanalyse (FTA) wurde seitdem stets weiter entwickelt und an die sich ändernden Anforderungen und Domänen angepasst. Vor allem kamen im Laufe der Zeit immer neue Gatter für verschiedene Anforderungen hinzu.

In dynamischen Fehlerbäumen [2] wurden z. B. Gatter zur Beschreibung von statistisch abhängigen Ereignissen eingeführt. Beim *Functional-Dependency-Gatter* treten abhängige BEs immer in Verbindung mit einem triggernden Ereignis auf. Für Kaltreserve (Cold-Standby) Situationen wurde ein *Cold-Spare-Gatter* eingeführt, welches in der Lage ist, die Abhängigkeiten der Primäreinheit und ihrer Standby-Einheiten zu modellieren. Da Reserveeinheiten im Cold-Standby nur dann arbeiten, wenn die Primäreinheit ausgefallen ist, ist auch nur dann ein Ausfall der Reserveeinheiten möglich. Der Ausgang eines solchen Gates wird immer dann aktiv, wenn das Primärgerät und alle Reservegeräte ausgefallen sind. Um den fehlenden Bezug zu Systemarchitekturen beschreiben zu können, wurden Komponenten-Fehlerbäume von Kaiser et al. [6] eingeführt. Durch die Modularisierung anhand der Komponenten wird die Übersichtlichkeit der Fehlerbäume erhöht und durch die Verwendung von Proxy-Komponenten wurde eine bessere Wiederverwertung einzelner Fehlerbaumteile erreicht.

Es wurden aber auch Adaptionen auf andere Anwendungsbereiche vorgenommen. Darunter fallen z. B. Angriffsbäume [3], die speziell für die Modellierung von Bedrohungen auf ein System entwickelt wurden. Durch die Verwendung einer Fehlerbaumsyntax können Angriffe auf das System verfeinert werden, indem sie in kleinere Angriffsteile unterteilt werden. Somit kann eine bessere Übersicht über Schwachstellen in komplexen Systemen gegeben werden. Eine anwendungsübergreifende Anpassung von Fehlerbäumen wurde in [8] vorgenommen. Dort werden unterschiedliche Klassen an BEs eingeführt, die einerseits Ausfälle und andererseits Angriffe beschreiben. Zusätzlich existiert eine dritte Klasse zur Modellierung von Annahmen, z. B. über System oder Angreifer.

Alle diese Anpassungen können Nachteile wie fehlende Beschreibungsmöglichkeiten von zeitlichen Zusammenhängen jedoch meist gar nicht oder nur teilweise lösen. In [4] wird ein Verfahren vorgestellt, welches ein Ordnen der Ereignisse anhand eines formalen Systemmodells erlaubt. Dazu wird das Modell einer Modellprüfung unterzogen, wodurch eine Eintrittsreihenfolge der Ereignisse der MCSs des zugehörigen FTs festgelegt wird. Der hauptsächliche Nachteil dieses Verfahrens ist jedoch, dass ein zusätzliches Systemmodell benötigt wird. Das erzielte Ergebnis ist ähnlich den Ereignissequenzen der hier vorgestellten qualitativen SEFT-Analyse, jedoch können hier die zeitliche Abhängigkeiten direkt aus dem Fehlerbaummodell abgeleitet werden.

3   Zustands/Ereignis-Fehlerbäume

SEFTs ermöglichen die Verbindung von Zustandsräumen mit Fehlerbaumlogiken in einem gemeinsamen Modell. In Abb. 1-a) wird ein Überblick über die Elemente eines SEFTs gegeben. SEFTs sind in der Lage, zeitliche Abhängigkeiten auszudrücken, indem die Zustände(VIII) innerhalb der Zustandsdiagramme durch unterschiedliche Zustandsübergänge(IV/V/VI) verbunden werden. Jedes Diagramm besitzt außerdem ein Initialereignis(VII), das mit einem Startzustand verbunden sein muss. Um die Modelle an die Architektur realer System anpassen zu können, wird in SEFTs ein Komponentenkonzept [6] verwendet, wodurch Komponenten in der Lage sind, über In-(II) und Outports(III) miteinander zu kommunizieren. Dadurch können statistische Abhängigkeiten der Ereignisse verschiedener Komponenten modelliert werden. Kausale Abhängigkeiten(XI) werden fehlerbaumtypisch durch Gatter(X) beschrieben. Dabei stellt die Gatterbibliothek in [7, Appendix A] eine umfangreiche Sammlung an logischen und temporal-logischen Gattern zur Verfügung. Es existieren reine Zustands-Gatter, die eine Verknüpfung von Zuständen ermöglichen, Ereignis-Gatter, die eine Verknüpfung unterschiedlicher Ereignisse erlauben, sowie gemischte Gatter, die zur Verknüpfung von Zuständen und Ereignissen verwendet werden. Um die Gatter mit Zuständen und Ereignissen der Zustandsdiagramme verschiedener Komponenten zu verbinden, besitzen die Gatter sogenannte Zustands- und Ereignis-Inlets sowie entsprechende Outlets. Um die Gatter auch über Komponentengrenzen hinweg mit Komponentenelementen verbinden zu können, werden die In- und Outports der Komponenten weiter unterteilt in In- und Outports für Zustände(II.I/III.I) und in In- und Outports für Ereignisse(II.II/III.II), gekennzeichnet durch 'S' oder 'E' innerhalb der Dreiecksform der Ports. Temporale Abhängigkeiten(IX) werden dagegen innerhalb der Komponenten durch Zustandsübergänge modelliert. Diese können durch stochastische (exponentiell verteilte) Ereignisse, deterministische Ereignisse und durch fremdgesteuerte (getriggerte) Ereignisse ausgelöst werden. Dabei schalten getriggerte Ereignisse zusammen mit dem auslösenden Ereignis, welche durch eine Kausalverbindung miteinander verbunden sind. Zusätzlich können alle Arten von Ereignissen mittels sogenannter Guard-Funktionen vom Schalten abgehalten werden. Dazu werden sie mit einem

Zustand verbunden, der das Feuern der Transition nur dann erlaubt, wenn der angeschlossene Zustand aktiv ist.

In Abb. 1-b) ist ein Reaktorsystem als SEFT dargestellt. Dabei wird das kritische Ereignis (Top Level Event; TLE) immer dann ausgelöst, wenn der Reaktordruck einen kritischen Wert übersteigt, nachdem entweder das Sicherheitsventil oder der Drucksensor ausgefallen ist. 'Nachdem' beschreibt hier den zeitlichen Zusammenhang zwischen den Ereignissen und Zuständen. Da ein Ereignis in einem SEFT keine Zeitdauer hat, muss zuerst einer der beiden Defekt-Zustände der sicherheitsgerichteten Geräte erreicht werden, bevor das Ansteigen des Reaktordrucks kritische Auswirkungen hat. Die Ausfallraten der beiden Peripheriegeräte werden durch stochastische Übergangsbedingungen innerhalb der jeweiligen Komponenten beschrieben. Die Verknüpfung der relevanten Zustände und Ereignisse wird durch ein Oder-Ereignis-Gatter (≥ 1) und ein gemischtes Und-Gatter modelliert. Der Ereignis-Outlet des Und-Gatters feuert immer dann, wenn der Zustand am State-Inlet aktiv ist und das Ereignis am Ereignis-Inlet auftritt.

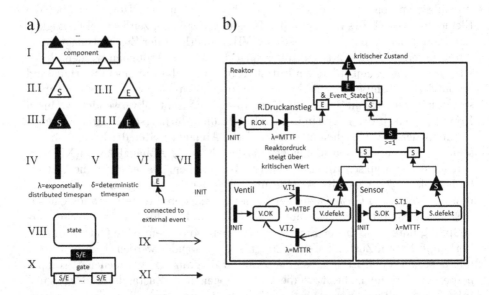

Abb. 1. a) Elemente eines SEFT b) PLT-Schutzeinrichtung eines Reaktors modelliert als SEFT

4   Quantitative Analyse von SEFTS

SEFTs sind ursprünglich entwickelt worden, um statistische Abhängigkeiten quantitativ analysieren zu können. Dazu werden sie in erweiterte deterministische und stochastische Petri-Netze (eDSPN) transformiert. Diese Transformation kann mittels ESSaRel [10] automatisiert vorgenommen werden. Dabei werden die Übersetzungsvorschriften aus [7, Appendix A] angewendet, wo zu jedem Gatter ein äquivalentes eDSPN angegeben ist. Für getriggerte Ereignisse steht ein Ereignis-Port-Pattern zur Verfügung, um unterschiedliche Petri-Netze miteinander zu verbinden. Ein eDSPN für den SEFT aus Abb. 1-b) ist in Abb. 2 gezeigt. Es ist zu erkennen, dass die Zustandsdiagramme der Komponenten direkt übersetzbar sind. Deterministische und stochastische Ereignisse können in äquivalente deterministische und stochastische Transitionen übersetzt werden. Die Übersetzung der in Abb. 1-b) verwendeten Gatter erzeugt ausschließlich unmittelbar schaltende Transitionen. Eine Besonderheit fällt beim Und-Gatter durch die Verwendung von Prioritäten auf. Das erlaubt ein Entladen der internen Stelle über die Transition mit der niedrigeren Priorität auch dann, wenn die Stelle S_{in} nicht aktiv ist und somit die Transition mit der höheren Priorität nicht schaltbereit ist, was im Umkehrschluss heißt, dass beide Sicherungseinrichtungen noch einwandfrei arbeiten. Dadurch können Konflikte auf elegante Art und Weise vermieden werden. Zusätzlich zu Prioritäten werden auch Wahrscheinlichkeiten unterstützt, die angeben, mit welcher Wahrscheinlichkeit eine Transition schaltet. Dabei ist jedoch darauf zu achten, dass keine wahrscheinlichkeitsbasierten Verklemmungen eingebaut werden. Nach der Übersetzung kann eine Analyse erfolgen. Dazu eignet sich besonders das Werkzeug TimeNet [9], da in ESSaRel ein TimeNet-Export implementiert ist. In TimeNet können sogenannte Performance Maßzahlen (PM) definiert werden, welche die Fragen repräsentieren, die durch die Analyse beantwortet werden sollen. $PM = P\{\#S_1 > 2\}$ stellt z.B. die Frage: „Wie hoch ist die Wahrscheinlichkeit, dass die Markierung der Stelle S_1 größer als 2 ist?".

Nach der Übersetzung stehen in TimeNet zwei verschiedene Evaluierungsmethoden zur Verfügung, um das Petri-Netz zu untersuchen. Es kann eine Analyse oder eine Simulation des Petri-Netzes vorgenommen werden. Dazu muss mindestens eine PM spezifiziert sein. Als Ergebnis der Analyse wird ein exakter Wert der PM berechnet. Diese kann jedoch nur dann erfolgen, wenn das eDSPN einen endlichen Erreichbarkeitsgraph aufweist und maximal eine deterministische Transition enthält. Ist das nicht der Fall, kann das Netz mittels einer Monte Carlo Simulation untersucht werden, welche Näherungswerte innerhalb eines Konfidenzintervalls für die definierten PMs liefert. Eine automatische Übersetzung eines SEFT in ein eDSPN liefert jedoch immer einen endlichen Erreichbarkeitsgraph, da jedes Zustandsdiagramm und jedes Gate in ein beschränktes Petri-Netz übersetzt wird und deren Verknüpfung wiederum ein beschränktes Netz liefert. Somit hängt die Evaluierungsmethode letztlich nur noch von der Anzahl der deterministischen Transitionen ab. Beide Verfahren bieten die Möglichkeit einer transienten oder stationären Evaluation. Mittels der transienten Evaluationsmethoden kann eine Aussage über das Verhalten des Netzes über einen bestimmten Zeitraum hinweg gemacht werden. Die stationäre (Steady-State) Evaluation kann als transiente Evaluation über einen unendlichen Zeitraum angesehen werden. Dazu muss das Netz jedoch verklemmungsfrei arbeiten.

Gerade in Anwendungsdomänen, wie z.B. der Informationssicherheit, wo nicht immer statistische oder deterministische Werte zu den Ereignissen gefun-

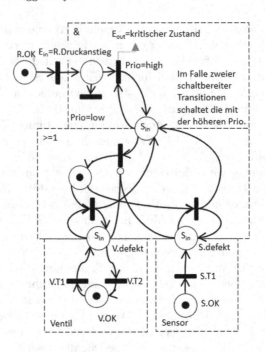

Abb. 2. Resultierendes eDSPN des Reaktorsystems aus Abb. 1-b)

den werden können, ist die quantitative Analyse solcher Fehlerbäume nicht anwendbar. Aus diesem Grund wird im nächsten Kapitel ein Ansatz vorgestellt, der eine qualitative Analysemethode beschreibt.

5   Qualitative Analyse von SEFTs

Wie bereits erwähnt kann jeder SEFT in ein beschränktes eDSPN übersetzt werden. Zu diesem Netz N kann auch immer ein endlicher Erreichbarkeitsgraph $RG(N)$ angegeben werden. Mit Hilfe eines solchen Graphen können Ereignisfolgen ermittelt werden, die in einem Systemzustand enden, der eine TLE-Stelle beinhaltet. Da die Transformation eines SEFTs in ein eDSPN und der daraus resultierende Erreichbarkeitsgraph einen sehr großen und damit schlecht analysierbaren Zustandsraum zur Folge hat, müssen Möglichkeiten gefunden werden, den Graphen übersichtlich zu halten. In diesem Beitrag werden verschiedene Reduktionsmöglichkeiten aufgezeigt, die den Graphen verkleinern und eine Analyse erlauben.

5.1   Transitions-Priorisierung

Die erste Möglichkeit einer Graphenreduktion kann bereits während der Übersetzung eines SEFTs in ein eDSPN eingeleitet werden. Dazu wird eine Priorisierung der Transitionen im Petri-Netz vorgenommen. Als *echt schaltbereit* werden dabei nur diejenigen Transitionen angesehen, die die höchste Priorität aller schaltbereiten Transitionen aufweisen. Somit wird die Anzahl der Pfade durch den Graph reduziert, was den Graphen übersichtlicher macht.

Der dadurch entstehende reduzierte Erreichbarkeitsgraph RG_{red} kann als Teilgraph des ursprünglichen Graphen RG_{full} angesehen werden ($RG_{red} \subseteq RG_{full}$), da die Anzahl schaltbereiter Transitionen minimiert wird, nicht jedoch die Struktur des ursprünglichen Netzes.

Die Priorisierung erfolgt direkt bei der Transformation eines SEFTs in ein eDSPN nach folgenden Regeln. Jede Transition, die aus einem stochastischen oder deterministischen Zustandsübergang des SEFT hervor gegangen ist, wird im transformierten eDSPN die niedrigste Priorität (Prio=0) zugewiesen. Alle Transitionen, die aus einem direkt schaltenden Ereignis innerhalb einer Komponente übersetzt wurden, werden eine Stufe höher priorisiert (Prio=1). Alle sonstigen direkt schaltenden Transitionen des eDSPN, die aus Übersetzungsregeln (z. B. aus Gattern oder Ereignis-Ports) entstanden sind, werden mit höheren Prioritäten versehen. Die genaue Priorität leitet sich dabei aus der Gatterbibliothek und dem Event-Port-Pattern aus [7] ab. Transitionen, die in den dortigen Transformationsregeln eine niedrige Priorität (Prio=1 in [7, Appendix A]) haben, bekommen im resultierenden eDSPN die nächst höhere Prioritätsstufe (Prio=2) zugeteilt. Hochpriore Transitionen (Prio=2) oder Transitionen ohne Priorität in [7, Appendix A] bekommen die höchste Priorität (Prio=3) zugewiesen.

Äquivalent zu TLEs in normalen Fehlerbäumen repräsentieren TLEs in SEFTs ebenfalls Kombinationen von unerwünschten Ereignissen und Systemzuständen. Aus diesem Grund sind die TLE-Stellen der transformierten Petri-Netze immer aus der Übersetzung der Gatter entstanden. Somit ist bei der vorgestellten Prioritätenverteilung garantiert, dass im Erreichbarkeitsgraph Zustände, die diese Stellen beinhalten (TLE-Zustände), auf direktem Weg erreicht werden. Aufgrund der Tatsache, dass TLE-Stellen immer von Transitionen höchster Priorität (entstanden bei der Gatterübersetzung) getriggert werden, wird sichergestellt, dass der reduzierte Erreichbarkeitsgraph immer die kürzesten Schaltsequenzen zu TLE-Zuständen enthält. Es werden lediglich zusätzliche bzw. längere Schaltsequenzen vermieden. Vorteil dieser Methode ist es, dass überflüssige Sequenzen direkt bei der Erstellung des reduzierten Graphen vermieden werden und nicht erst nach Fertigstellung aufwendig identifiziert und entfernt werden müssen. Eine entsprechende Priorisierung des Beispielsystems aus Abb. 1-b) kann Tabelle 1 entnommen werden.

5.2   Sequenz-Substitution

Da bei der Übersetzung von einem SEFT in ein Petri-Netz zusätzliche Stellen und Transitionen eingeführt werden, die die Gatter und die Ereignis-Ports des ursprünglichen SEFTs repräsentieren, ist es naheliegend, diese Elemente in der Analyse vor dem Anwender zu verbergen. Solche *stummen* Elemente stellen keinen zusätzlichen Mehrwert während der Analyse dar, da Anwender mit den Übersetzungsvorschriften meist nicht vertraut sind. Sequenzen mit *stummen*

Tabelle 1. Priorisierung der Transitionen

Name	Priorität	Name	Priorität
V.Ausfall	0	T2	2
V.Reparatur	0	T3	3
S.Ausfall	0	T4	3
R.Druckanstieg	0	T5	3
T1	3		

Transitionen können verkürzt werden, indem sie in einer Schaltsequenz durch nachfolgende *nicht-stumme* Transitionen substituiert werden.

Im Beispielsystem aus Abb. 2 werden die Transitionen $T1, ..., T5$ als *stumme* Transitionen definiert, da sie keinem Ereignis des ursprünglichen SEFTs (Abb. 1-b) zugeordnet werden können. Eine Sequenz-Substitution für den Fall, dass der Drucksensor im Reaktorsystem ausfällt und anschließend ein kritischer Druckanstieg im Reaktor stattfindet, ist nachfolgend dargestellt.

$$S1 \rightarrow S.Ausfall \rightarrow S2 \rightarrow T4 \rightarrow S3 \rightarrow R.Druckanstieg \rightarrow S4 \rightarrow T1 \rightarrow TLE \quad (1)$$

Bei der Substitution dieser Sequenz entsteht die folgende Sequenz, da es sich bei den Transitionen $T1$ und $T4$ um *stumme* Transitionen handelt.

$$S1 \rightarrow S.Ausfall \rightarrow S3 \rightarrow R.Druckanstieg \rightarrow TLE \quad (2)$$

Die Zustände S1 bis S4 setzen sich dabei aus folgenden Stellen des Petri-Netzes zusammen:

$$\begin{aligned} S1 &= \{V.OK; S.OK; OR\_intern; R.OK\} \\ S2 &= \{V.OK; S.defekt; OR\_intern; R.OK\} \\ S3 &= \{V.OK; S.defekt; OR\_out; R.OK\} \\ S4 &= \{V.OK; S.defekt; OR\_out; AND\_intern\} \\ TLE &= \{V.OK; S.defekt; OR\_out; TLE\} \end{aligned} \quad (3)$$

An diesem Beispiel kann auf einfache Weise veranschaulicht werden, dass in der verkürzten Sequenz (Formel 2) nur Transitionen abgeleitet aus Ereignissen des ursprünglichen SEFT wiederzufinden sind, was die Verständlichkeit und Übersichtlichkeit erhöht.

Einfacher verhält es sich mit *stummen* Stellen. Da ein Zustand im Erreichbarkeitsgraph die Netz-Markierung repräsentiert, werden solche Stellen nach Beendigung des Algorithmus aus den Zuständen des Graphs entfernt. Im Petri-Netz aus Abb. 2 sind die Stellen OR_intern, OR_out und AND_intern aus der Gattertransformation entstanden und können somit keinem Zustand des ursprünglichen SEFT zugeordnet werden. Aus diesem Grund sind sie als *stumme* Stellen definiert. Zustand $S4$ aus Formel 3 wird in Folge dessen durch $S4 = V.OK; S.defekt$ ersetzt.

5.3 Abbruchkriterien

Das Ergebnis der qualitativen SEFT-Analyse ist das Aufzeigen von Ereignis-sequenzen, die zu einem TLE-Zustand im Erreichbarkeitsgraph führen. Aus die-sem Grund kann die Erstellung einer Sequenz immer dann abgebrochen wer-den, sobald ein TLE-Zustand erreicht wird. Auch die Ereignissequenzen, welche Schleifen beinhalten, bleiben bei der Erstellung des Graphen unbeachtet. Dies ist ein weiteres einfaches und effektives Mittel, den Graphen in seiner Größe zu beschränken. Nachfolgend ist der rekursive Algorithmus zur Erzeugung einer Liste aller Sequenzen des reduzierten Erreichbarkeitsgraphen dargestellt. Die Ab-bruchkriterien sind durch die Bedingungen der Rekursion ausgedrückt. Damit ist die Erzeugung eines Graph, welcher letztlich zur qualitativen Analyse von SEFTs verwendet wird, trivial.

DevelopReachabilityGraph(Sequenz seq, Markierung m, SequenzListe seqListe)

   Jede echt schaltbereite Transition t der Markierung m durchlaufen

     Markierung mTmp ermitteln nachdem t geschaltet hat

     Zustand s des Erreichbarkeitsgraph aus Markierung mTmp ermitteln

     Falls t keine stumme Transition ist → seq = seq + t + s

     Falls TLEStelle in s → Sequenz seq in seqListe speichern

     Falls keine Schleife in seq vorhanden und keine TLEStelle in s →

       Rekursiver Aufruf von DevelopReachabilityGraph(seq, mTmp, seqListe)

Durch das Anwenden dieses Algorithmus auf das Petri-Netz des Reaktorsys-tems aus Abb. 2 resultiert ein Erreichbarkeitsgraph, dargestellt in Abb. 3. Im Graph sind die Zusammenhänge auf einfache Weise veranschaulicht, wodurch eine Analyse des Fehlerbaums unter zeitlichen Aspekten ermöglicht wird. Aus dem Graph in Abb. 3 können folgende vier Sequenzen extrahiert werden, die einem kritischen Zustand (schraffiert dargestellt) enden. Auch hier kann die Se-quenzlänge äquivalent zur Länge der Cut-Sets standardisierter Fehlerbäume als Kritikalitätskriterium herangezogen werden, da kürzere Sequenzen schneller in TLE-Zuständen enden. Somit sollte das Hauptaugenmerk der Analyseergebnisse des Reaktorsystems auf den Sequenzen 1 und 2 liegen, nicht zuletzt, weil beide kürzere Sequenzen vollständig in den beiden längeren enthalten sind.

1. *S.Ausfall → R.Druckanstieg*
2. *V.Ausfall → R.Druckanstieg*
3. *S.Ausfall → V.Ausfall → R.Druckanstieg*
4. *V.Ausfall → S.Ausfall → R.Druckanstieg*

6 Zusammenfassung

Die vorliegende Arbeit beschreibt ein qualitatives Verfahren zur Analyse von SEFTs. Das ist besonders dann hilfreich, wenn Quantitäten in SEFTs nicht an-gegeben werden können. Mit Hilfe von Erreichbarkeitsgraphen können Ereignis-sequenzen ermittelt werden, die TLE-Zustände beinhalten. Eine Zustandsraum-Explosion der Graphen wird durch entsprechende Algorithmen entgegengewirkt,

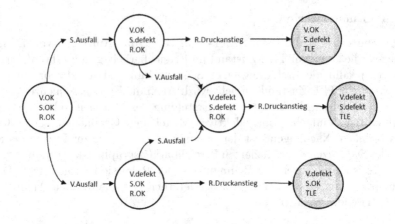

Abb. 3. Reduzierter Erreichbarkeitsgraph zur eDSPN aus Abb. 2

wodurch die resultierenden Graphen lesbar, übersichtlich und somit auch analysierbar bleiben. Somit können Aussagen über die Kritikalität einzelner Komponenten im SEFT gemacht werden, indem analysiert wird, welche Ereignis-Kombinationen zu einem kritischen Systemzustand führen.

Literaturverzeichnis

1. DIN 25424: *Fehlerbaumanalyse, Methode und Bildzeichen.* Deutsches Institut für Normung, 1981.
2. J. B. Dugan, S. J. Bavuso, M. A. Boyd: *Dynamic Fault-Tree Models for Fault-Tolerant Compzuter Systems,* IEEE Transactions on Reliability, Vol. 41, 1992.
3. B. Schneier: *Attack trees.* Dr. Dobb's Journal, 1999.
4. M. Bozzano, A. Villafiorita: *Integrating Fault Tree Analysis with event Ordering Information,* In: Proceedings of the European Safety and Reliability Conference (ESREL), 2003.
5. H. R. Watson: *Launch control safety study.* Bell Labs, 1961
6. B. Kaiser, P. Liggesmeyer, O. Mackel: *A new component concept for Fault Trees.* In: Proceedings of the 8th Australian Workshop on safety critical systems and software, Canberra, 2003
7. B. Kaiser, C. Gramlich, M. Förster: *State/event fault trees – A safety analysis model for software-controlled systems.* In: Proceedings of the 23rd Int. Conference on Computer Safety, Reliability, and Security, Germany, 2004.
8. I. N. Fovino, M. Masera: *Through the Description of Attacks: a Multidimensional View.* In: Proceedings of the 25th international conference on Computer Safety, Reliability, and Security (SafeComp06), Gdansk, 2006
9. A. Zimmermann, R. German, J. Freiheit, G. Hommel: *TimeNET 3.0 Tool Description.* Int. Conf. on Petri Nets and Performance Models, Spanien, 1999.
10. Embedded systems safety and reliability analyser. http://www.essarel.de.